［過去問］

2025
桐蔭学園小学校
入試問題集

JN084756

・問題内容についてはできる限り正確な調査分析をしていますが、入試を実際に受けたお子さんの記憶に
基づいていますので、多少不明瞭な点はご了承ください。

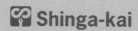

Shinga-kai

桐蔭学園小学校
過去10年間の入試問題分析
出題傾向とその対策

2024年傾向

一般入試とアドベンチャー入試が行われています。一般入試のペーパーテストでは話の理解のほか、数量、推理・思考が出題されました。個別テストの絵カードを見てお話しする課題では、想像力や言語表現力が見られました。集団テストは自由遊びや共同制作などを通して、ルールを守りながらお友達とかかわり、協力し合えるかを見る内容でした。保護者面接は、考査日前の指定日時に行われました。

傾　向

考査は1日で、受験番号順にペーパーテスト、集団テスト、面接を例年行ってきましたが、2018年度以降はさらに個別テストが加わり、面接は言語の課題として行われています。2021、2022年度はコロナウイルス対策のため、約10人単位で行われましたが、2023年度から例年通り約20人単位での考査となりました。2020年度までは考査当日に面接も行われていたため、面接の待ち時間を含め所要時間は2時間30分〜4時間でした。2021年度以降の考査の所要時間は、2時間30分〜3時間です。ペーパーテストでは、話の理解、数量、推理・思考、常識、言語や構成など幅広い分野から出題されています。この中でも、推理・思考の問題は筋道を立てて考えたうえで答えを出すことが求められます。幼児には難易度の高いものなので、まずは基礎力をつけるために、過去の問題にふれながら順序立てて考える習慣をつけていきましょう。集団テストでは、自由遊びやお約束のあるゲーム、共同制作などの行動観察がよく行われています。2015年度と2017年度以降は、運動の要素を含む課題が出されています。いずれにしても、お友達と協力して取り組めるか、お約束を守って楽しく遊べるかなどが見られています。面接は親子別室でそれぞれ行われていた時期を経て、2018年度から保護者面接のみとなり、本人に対しては個別テストとして考査の中で行うようになりました。保護者面接では、願書に記入した志望動機以外のことも多く聞かれます。質問は基本的に父母どちらが答えてもよいですが、指定されることもあり、双方に同じ質問をされる場合もあります。どのような子どもか、また親としてこんなときはどうするかといった具体的な状況

を示しながら、その対応についての質問が多く見られます。そして、ＩＣＴ化を始め社会の動きを踏まえた学校の方針への理解や、保護者が子どもの将来をどのように考えているのかを見る質問が目立ちます。子どもに対しては、好きな遊び、幼稚園（保育園）での過ごし方などを問う質問がされているほか、巧緻性や言語など個別テストの要素が加わり、2018年度からは個別テスト内での実施となりました。出願方法は2016年度よりＷｅｂ出願となりました。

対　策

ペーパーテストで行う話の記憶や理解、推理・思考などの主要項目の類題を数多く経験し、自信をつけるようにしましょう。特に推理・思考は、基本的な問題のほかに桐蔭学園小学校独自の課題が出されることも多いので、過去問に取り組むとともに応用的な問題にも対応できる力をつけておくことが重要です。大切なことは、やり方の説明をしっかり聞いて理解する力をつけることです。ペーパー対策に偏り過ぎると、子どもが慣れてきて指示を聞く前に問題の内容を先読みする癖がつき、話を聞く姿勢がおろそかになることがあるので、学習の進め方には特に注意が必要です。思い込みや感覚で答えを出さないよう、どうしてそう思ったのかを聞いてみたり、子どもの発想や思い違いを否定せず、試してみようという気持ちにさせたりすることが大切です。言語や常識の出題もありますので、普段からしりとり遊びをしたり、生き物や花、道具など日常で目にするものの名前や用途、特徴などに気づかせたりして、知識の偏りがないよういろいろなものに目を向けさせましょう。保護者面接は、10〜15分でご家庭の考えを聞かれることが多いので、過去問を参考に質問を想定し簡潔に答えられるように準備をしておきましょう。また、学校の教育方針や校内の雰囲気を理解するには、実際に自分の目で確かめることが一番です。面接でも公開行事の感想を具体的に聞かれることがありますので、学校行事や説明会などに必ず足を運び、しっかり考えをまとめておきましょう。ほかに、校内で子ども同士のトラブルが起きた場合の対応についての質問も過去にはありました。学校に責任を負わせるような答えや、逆に当事者間で勝手なやりとりをしてしまうような答えにならないよう、気をつけましょう。子どもには個別テスト内で、面接と同時に常識やお話作り、巧緻性、生活習慣などの課題も行われるようになりました。道徳に関することを日ごろから話題にしたり、お手伝いを通じて準備しておくとよいでしょう。また運筆を見られることもありますので、筆記用具の正しい持ち方、書き方も見直しておきましょう。そして、何事にも興味や関心を持って真剣に取り組む姿勢が大切であることを、日ごろから意識させていきましょう。集団テストでは指示の理解力とともに、初めてのお友達とのかかわりや協調性、約束を守る社会性を見られています。日常生活でも積極的に物事に取り組み、自分できちんと判断して行動する力を養っていきましょう。なお、2017年度以降は集団テストの中で運動の要素を含む課題が出題されています。ケンケンや片足バランス、模倣体操などにも取り組み、しっかり準備しておきましょう。

年度別入試問題分析表

【桐蔭学園小学校】　　　　　　　　　　　　　　　　　※ 2022年度以降は一般入試のみ表示

	2024	2023	2022	2021	2020	2019	2018	2017	2016	2015
ペーパーテスト										
話	○	○	○	○	○	○	○	○	○	○
数量	○	○								
観察力				○						
言語					○					
推理・思考	○	○			○	○	○	○	○	
構成力			○							○
記憶										
常識					○	○	○	○	○	
位置・置換				○						
模写			○							
巧緻性									○	
絵画・表現										
系列完成										
個別テスト										
話				○						
数量										
観察力										
言語	○	○	○	○	○	○	○			
推理・思考										
構成力										
記憶										
常識		○		○						
位置・置換										
巧緻性					○		○			
絵画・表現										
系列完成										
制作										
行動観察										
生活習慣						○				
集団テスト										
話										
観察力										
言語										
常識										
巧緻性										
絵画・表現										
制作										
行動観察	○	○		○	○	○	○	○		○
課題・自由遊び	○	○	○	○	○	○	○		○	
運動・ゲーム	○	○	○	○	○	○	○	○		
生活習慣										
運動テスト										
基礎運動										
指示行動										
模倣体操										
リズム運動										
ボール運動										
跳躍運動										
バランス運動										
連続運動										
面接										
親子面接										
保護者(両親)面接	○	○	○		○	○	○	○	○	○
本人面接								○	○	○

※伸芽会教育研究所調査データ

小学校受験Check Sheet

お子さんの受験を控えて、何かと不安を抱える保護者も多いかと思います。受験対策はしっかりやっていても、すべてをクリアしているとは思えないのが実状ではないでしょうか。そこで、このチェックシートをご用意しました。1つずつチェックをしながら、受験に向かっていってください。

✱ ペーパーテスト編

①お子さんは長い時間座っていることができますか。

②お子さんは長い話を根気よく聞くことができますか。

③お子さんはスムーズにプリントをめくったり、印をつけたりできますか。

④お子さんは机の上を散らかさずに作業ができますか。

✱ 個別テスト編

①お子さんは長時間立っていることができますか。

②お子さんはハキハキと大きい声で話せますか。

③お子さんは初対面の大人と話せますか。

④お子さんは自信を持ってテキパキと作業ができますか。

✱ 絵画、制作編

①お子さんは絵を描くのが好きですか。

②お家にお子さんの絵を飾っていますか。

③お子さんははさみやセロハンテープなどを使いこなせますか。

④お子さんはお家で空き箱や牛乳パックなどで制作をしたことがありますか。

✱ 行動観察編

①お子さんは初めて会ったお友達と話せますか。

②お子さんは集団の中でほかの子とかかわって遊べますか。

③お子さんは何もおもちゃがない状況で遊べますか。

④お子さんは順番を守れますか。

✱ 運動テスト編

①お子さんは運動をするときに意欲的ですか。

②お子さんは長い距離を歩いたことがありますか。

③お子さんはリズム感がありますか。

④お子さんはボール遊びが好きですか。

✱ 面接対策・子ども編

①お子さんは、ある程度の時間、きちんと座っていられますか。

②お子さんは返事が素直にできますか。

③お子さんはお父さま、お母さまと3人で行動することに慣れていますか。

④お子さんは単語でなく、文で話せますか。

✱ 面接対策・保護者（両親）編

①最近、ご家族での楽しい思い出がありますか。

②ご両親の教育方針は一致していますか。

③お父さまは、お子さんのお家での生活や幼稚園・保育園での生活をどれくらいご存じですか。

④最近タイムリーな話題、または昨今の子どもを取り巻く環境についてご両親で話をしていますか。

2024　桐蔭学園小学校入試問題

■ 選抜方法

一般入試…出願受付順に受験番号が決まる。考査は２日間のうち１日で、１日目に男子、２日目に女子を行う。受験番号順に約20人単位でペーパーテスト、集団テスト、個別テストを実施。所要時間は約２時間30分。考査日前の指定期間内の希望日に保護者面接があり、所要時間は約15分。
アドベンチャー入試…一般入試後に行われる。考査は１日で、集団テストと保護者面接が行われる。一般入試との併願は不可。

一般入試

┃ ペーパーテスト ┃

筆記用具は赤のフェルトペンを使用し、訂正方法は//（斜め２本線）または×（バツ印）。出題方法は音声と口頭。プロジェクターでお手本を見ながら、やり方の説明を聞いた後で行う。

1 話の理解（男子）

- スペードの段です。リスはキツネからクルミをもらいました。リスがもらったものに○をつけましょう。
- ハートの段です。男の子は運動をするために体操着に着替えました。今日は外で運動するので、上履きではなく靴を履き、帽子をかぶって外へ出ました。鉄棒や縄跳びをたくさんしてのどが渇いたので、水筒のお水を飲みました。男の子が運動したときに使っていないものに○をつけましょう。
- ダイヤの段です。男の子が公園の砂場で遊んでいたら、サッカーボールが転がってきました。ボールを拾って渡してあげると、「一緒に遊ぼう」と誘われたので、一緒にサッカーをして遊びました。お話に出てきたものに○をつけましょう。
- クローバーの段です。男の子が図書館で静かに本を読んでいました。しばらくすると、先生の読み聞かせの時間になったので、お話を聞きに行きました。今のお話に合う絵に○をつけましょう。

2 話の理解（女子）

- スペードの段です。クマがたくさんドングリを拾ったので、お友達の動物たちに順番に分けてあげました。たくさんあったドングリが減っていき、最後にもらおうと待っていたキツネには、１個もあげることができませんでした。そのときのクマとキツネはどのような顔になったと思いますか。合う絵に○をつけましょう。
- ハートの段です。女の子が公園の砂場で遊んでいたら、けんと君がやって来て「一緒に遊ぼう」と声をかけられました。２人で一緒に砂で大きな山を作り、山のてっぺんにお

花を飾りました。今のお話に合う絵に○をつけましょう。

・ダイヤの段です。たろう君のお母さんが、これから買い物へ行きます。たろう君は初めてのお留守番です。お母さんが出かけるときはニコニコしていたたろう君ですが、なかなか帰ってこないので、だんだん不安な気持ちになりました。時計を見ていると向こうのお部屋から音が聞こえてきて、びっくりしました。しばらくするとお母さんが帰ってきたので、たろう君はほっとして笑顔になりました。では、お母さんが出かけるときと帰ってきたときのたろう君の顔が描いてある絵に○をつけましょう。

・クローバーの段です。とうこちゃんはお母さんと一緒にお買い物へ行きました。お店へ向かう途中で、お友達の女の子がお父さんと一緒に歩いているところを見かけました。お店に着くと、アイスクリームを買おうとしているお友達の男の子にも会いました。今のお話で、とうこちゃんが会った人が描いてある絵に○をつけましょう。

3 数量（男子）

一番上を見ましょう。ゾウはリンゴを5個、サルはバナナを3本、ネズミはチーズを2個まで食べられますが、それ以上は食べられないお約束です。

・スペードの段です。ゾウが食べられる数だけ、リンゴがのっているお皿に○をつけましょう。

・ハートの段です。サルが食べられる数だけ、バナナがのっているお皿に○をつけましょう。

・ダイヤの段です。サルとネズミが食べられる数だけ、食べ物がのっているお皿に○をつけましょう。

・クローバーの段です。動物たち全員が食べられる数だけ、食べ物がのっているお皿に○をつけましょう。

4 数量（女子）

一番上を見ましょう。イヌはお肉を3個、ネコは魚を4匹、ハムスターはヒマワリの種を4個まで食べられますが、それ以上は食べられないお約束です。

・スペードの段です。イヌが食べられる数だけ、お肉がのっているお皿に○をつけましょう。

・ハートの段です。イヌとネコが食べられる数だけ、食べ物がのっているお皿に○をつけましょう。

・ダイヤの段です。ネコとハムスターが食べられる数だけ、食べ物がのっているお皿に○をつけましょう。

・クローバーの段です。動物たち全員が食べられる数だけ、食べ物がのっているお皿に○をつけましょう。

[5] 推理・思考（男女共通）

[A]

矢印の向きに回る観覧車に、動物たちが絵のように乗っています。ゴンドラが黒い線のところまで下りてきたら、乗っている動物は降り、次の動物がそのゴンドラに乗ります。

・スペードの四角です。最初に観覧車から降りる動物に○をつけましょう。
・ダイヤの四角です。降りた動物たちは、星印から順番に並びます。降りてくる動物たちが、左から順番に正しく並んでいる長四角に○をつけましょう。

[B]

さっきと同じように、動物たちが観覧車に乗っています。上のハートの長四角を見ましょう。動物は左からこの順番に乗りました。

・スペードの四角です。雲で隠れているところにはどの動物が乗っているのか、正しい組み合わせに○をつけましょう。
・ダイヤの四角です。さっきと同じように、降りた動物たちは星印から順番に並びます。降りてくる動物たちが、左から順番に正しく並んでいる長四角に○をつけましょう。

集団テスト

🔶 運　動

テスターの指示に従い、その場で伸脚やケンケンをする。

🔶 自由遊び

床がテープで仕切られ、積み木、輪投げ、ボウリング、バドミントン、卓球、縄跳び、ボールなどで遊ぶ場所と、折り紙、新聞紙、割りばし、紙皿、紙コップ、クーピーペン、ガムテープなどで遊ぶ場所に分かれている。

・好きなものを自由に使って、お友達と仲よく遊びましょう。

〈約束〉
・必ずお友達と遊ぶ。
・遊ぶ場所はどちらか1つに決めて、その中から出ないで遊ぶ。
・それぞれのコーナーにあるものは、別のコーナーに持っていかない。
・使ったものは元の場所へ片づける。

🔶 行動観察（共同制作）

4〜6人のグループに分かれて行う。線や絵が描かれた模造紙、カプラ、折り紙、モール、

カラーペン、クレヨン、スティックのり、卓上セロハンテープが用意されている。

（男子）

・グループで協力して、用意されたものを使って海の様子を作ります。どのような様子にするかを相談してから始めましょう。海ができたら模造紙に描かれている波の青い線と砂の茶色い線の上に、カプラを並べてください。波の線の上には、カプラを立ててドミノ倒しのように並べましょう。砂の線の上には、カプラを横長に寝かせて、隣同士をくっつけて並べてください。

（女子）

・グループで協力して、用意されたものを使ってお菓子屋さんを作ります。どのようなお菓子屋さんにするかを相談してから始めましょう。お店ができたら模造紙に描かれている屋根の赤い線と地面の茶色い線の上に、カプラを並べてください。屋根の線の上には、カプラを立ててドミノ倒しのように並べましょう。地面の線の上には、カプラを横長に寝かせて、隣同士をくっつけて並べてください。

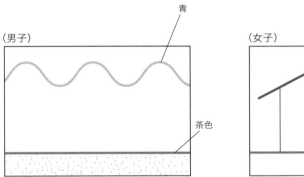
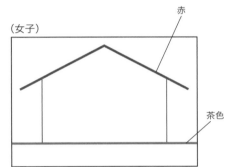

指示行動

（男子）

・テスターが指を何本か立てて「いっせーの」という声をかける。それに続いて、立てた指の数だけ手をたたく。

（女子）

・テスターが頭、肩、おなか、おしり、ひざの中から、2、3カ所を続けて指示し、手をパンパンと2回たたく。それに続いて、指示された順番通り各部位に両手で触れる。

個別テスト

自由遊びの間に1人ずつ廊下に呼ばれて机の前に立ち、テスターの質問に答える。

言　語

（男女共通）

・お名前、年齢を教えてください。

・幼稚園（保育園）の名前を教えてください。

・幼稚園（保育園）で楽しいことはどんなことですか。

（男子）

マンボウの気球、チョウチンアンコウの潜水艦、テントウムシの車、モモンガの飛行機、ケーキの船の絵カードを見せられる。

・この中で、どの乗り物に乗りたいですか。

・どうしてこれを選んだのですか。

・選んだ乗り物に乗って、どこに行きたいですか。

（女子）

白鳥の羽、カエルの足の上履き、アヒルの帽子、地球の模様の傘、チーターの手袋の絵カードを見せられる。

・これらは魔法の道具です。この中で、どれか使ってみたいものはありますか。

・選んだ魔法の道具を使って、どんなことをしたいですか。

※男女とも回答により質問が発展していく。

保護者面接

父母のどちらが答えてもよい場合が多いが、質問により指定される場合もある。双方に同じ内容の質問がされることもある。

保護者

・本校の志望理由を教えてください。

・本校にどのようなイメージを持っていますか。

・本校の生徒の印象をお聞かせください。

・本校の説明会で感じた印象をお話しください。

・本校が大切にしている6つのキーコンピテンシーで、最も大切だと思うものは何ですか。

・本校の6つのキーコンピテンシー、アクティブラーニング、キャリア教育のどの部分が気になりますか。

・非認知能力を高めるために、ご家庭で実践していることは何ですか。

・お子さんの性格を一言で言うと、どのような性格ですか。

・ご家庭の中で、お子さんをすてきだなと感じるのはどのようなときですか。

・外出の際に、お子さんをすてきだなと感じるのはどのようなときですか。

・家庭教育で心掛けていることは何ですか。

・思いやりの気持ちをどのように育んできましたか。

・父親として、意識していることはありますか。

・お子さんのもつ力を一言で言うと、どのような力ですか。

・お子さんが今夢中になっていることは何ですか。その理由も教えてください。

・ここ1、2か月で、お子さんの成長を感じたことはありますか。エピソードを交えてお話しください。

・ご家庭でどのように接してきたことが、今のお子さんにつながっていると思いますか。

・お子さんがやりたくないと言うことには、どのように対応するよう心掛けていますか。

・子ども同士でトラブルがあったときは、お子さんにどのように接していますか。

・習い事は何をしていますか。

・これからお子さんをどのように伸ばしていきたいですか。

・最後に、本校について何か聞きたいことはありますか。

※回答により質問が発展していく。

保護者アンケート

提出は任意で、待ち時間に記入して提出する。以下のような項目がある。

無記名で、入試結果に影響はないとの記載がある。

・居住地区。

・通っている幼児教室名。

・本校のどこに興味を持ったのか。（選択式）

・これまでに参加（視聴）された本校のイベント。（選択式）

・本校を知った理由や期待すること。（選択式）

・本校の受験を決める際に参考にした情報。（選択式）

・本校の志望状況。（選択式）

・受験校を決める際に重視したこと。（選択式）

1

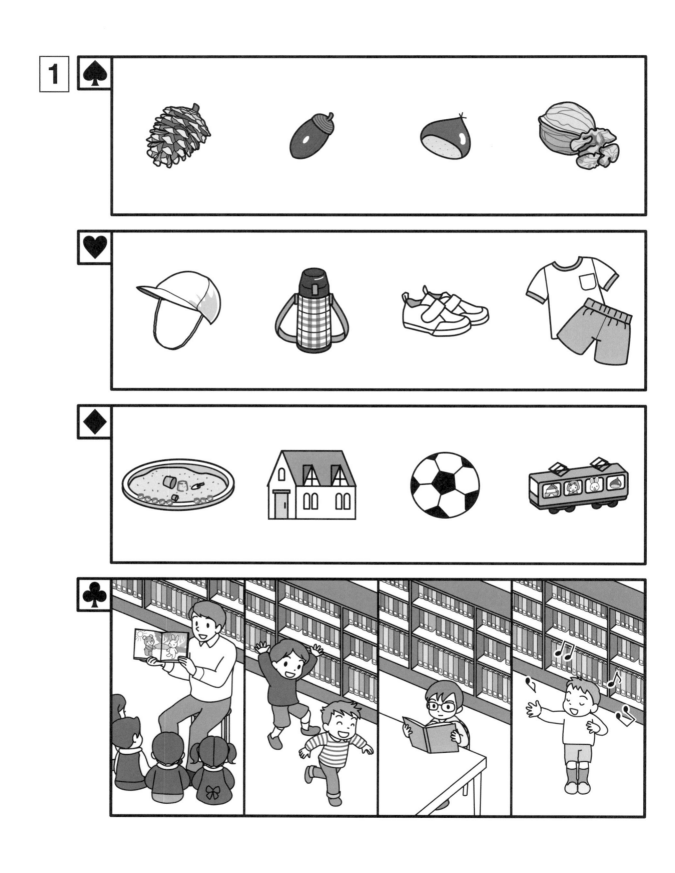

3

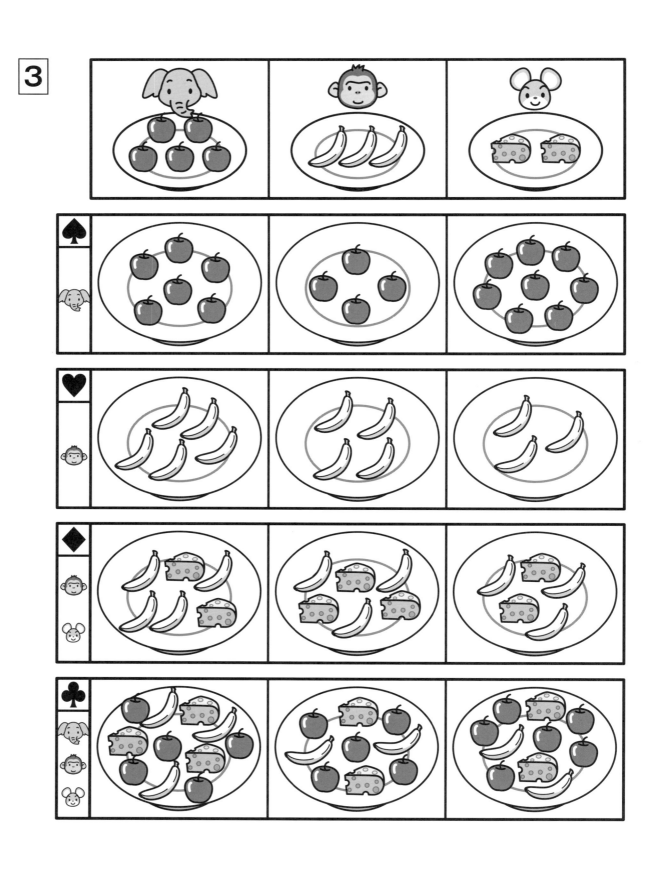

4

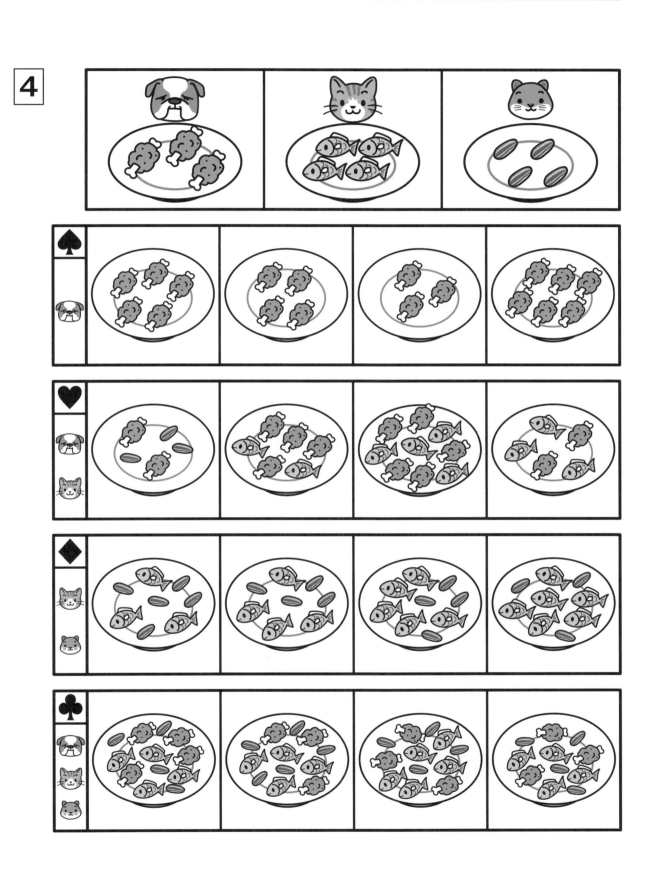

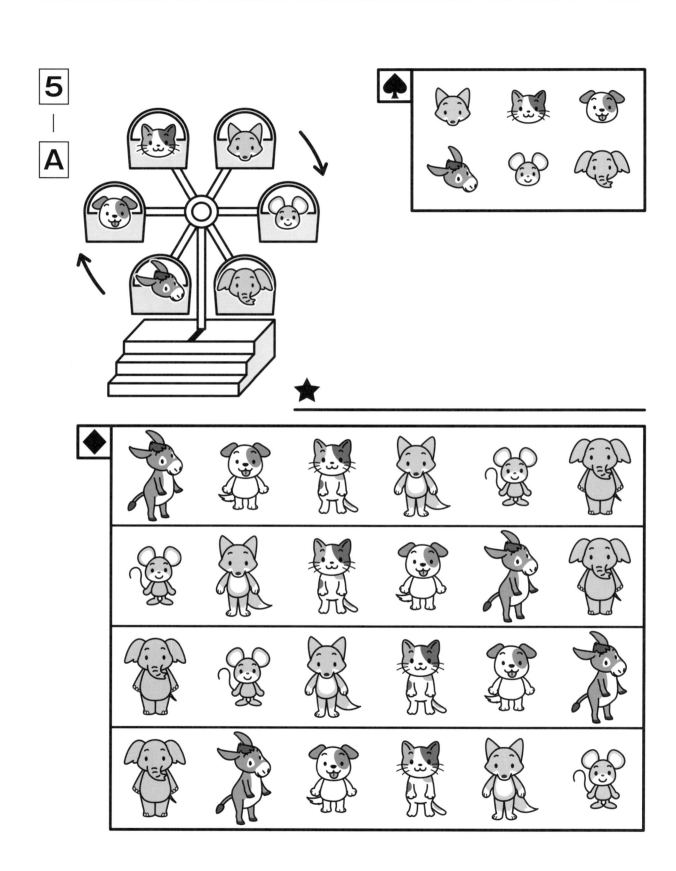

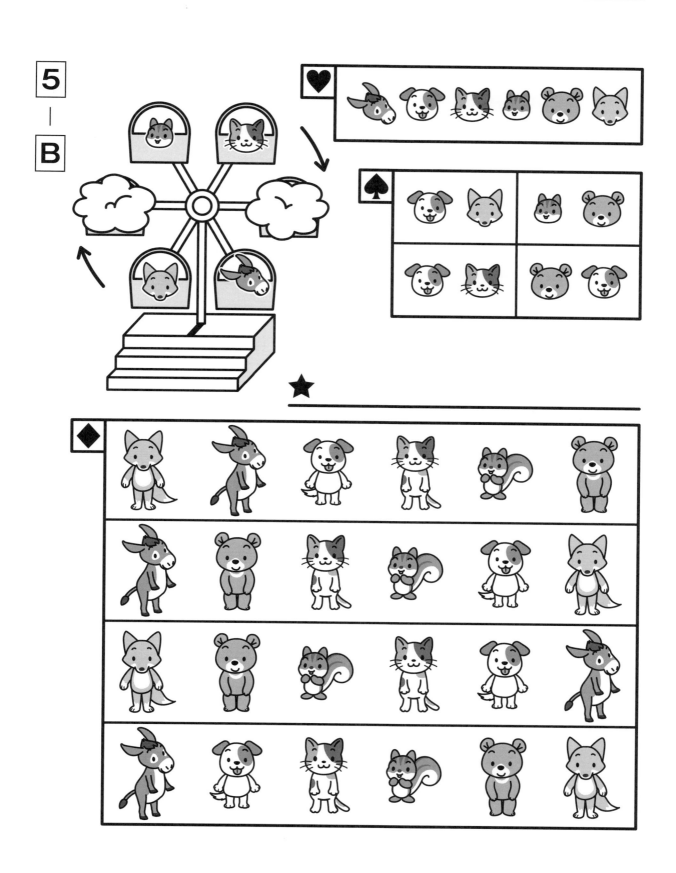

5
−
B

2023 桐蔭学園小学校入試問題

■ 選抜方法

一般入試…出願受付順に受験番号が決まる。考査は2日間のうち1日で、1日目に男子、2日目に女子を行う。受験番号順に約20人単位でペーパーテスト、集団テスト、個別テストを実施。所要時間は2時間30分～3時間。考査日前の指定期間内の希望日に保護者面接があり、所要時間は10～15分。
アドベンチャー入試…一般入試後に行われる。考査は1日で、集団テストと保護者面接が行われる。一般入試との併願は不可。

一般入試

▌ ペーパーテスト

筆記用具は赤のフェルトペンを使用し、訂正方法は//（斜め2本線）または×（バツ印）。出題方法は音声と口頭。プロジェクターでお手本を見ながら、やり方の説明を聞いた後で行う。

1 話の理解

- おばあさんがスーパーマーケットでニンジンを買いました。おばあさんが手に取ったと思うものを考えて、スペードの段から選んで○をつけましょう。
- 男の子が木登りをして、飛んでいる鳥を見ました。今のお話に出てきたものをクローバーの段から選んで○をつけましょう。
- 動物たちがこれから山登りに出かけます。リスは元気いっぱい、イヌは困った顔をして、ネコは怒っています。今のお話に合う様子をハートの段から選んで○をつけましょう。
- 男の子が折り紙で紙飛行機を折って引き出しに入れ、鉛筆と消しゴムを出しました。今から塗り絵をするので、机の上に塗り絵を用意しました。塗り絵では消しゴムを使わないので、引き出しにしまいました。では、今引き出しにあるものをダイヤの段から選んで○をつけましょう。

2 数 量

- イヌとゾウとキツネがおせんべいを仲よく同じ数ずつ分けると、それぞれ何枚ずつもらえますか。ハートの横に、その数だけ○をかきましょう。
- ニワトリとペンギンのお皿にのっているおせんべいの数は、いくつ違いますか。その数だけ、下の四角にあるおせんべいに1枚ずつ○をつけましょう。
- ミミズクとニワトリのお皿にのっているおせんべいの数は、いくつ違いますか。その数だけ、下の四角にあるおせんべいに1枚ずつ○をつけましょう。

3 数 量

・ネコとゾウのお皿にのっているアメの数を同じにするには、ゾウはネコにアメをいくつあげるとよいですか。その数だけ、スペードの横のアメに1つずつ○をつけましょう。

・イヌとネコのお皿にのっているアメの数はいくつ違いますか。その数だけ、ハートの横のアメに1つずつ○をつけましょう。

・イヌとネコのお皿にのっているアメの数を同じにするには、イヌはネコにアメをいくつあげるとよいですか。その数だけ、クローバーの横のアメに1つずつ○をつけましょう。

4 推理・思考

※カラーで出題。絵の中の指示通りに積み木に色を塗ってから行ってください。

・左の積み木を一番上から順番に取って下から積み直すと、どのようになりますか。正しいものを右から選んで○をつけましょう。

5 推理・思考

※カラーで出題。絵の中の指示通りに積み木に色を塗ってから行ってください。

・左の積み木をイヌとネコが一番上から順番に取ります。イヌ、ネコの順番で取ってそれぞれ下から積み直すと、どのようになりますか。正しいものを右から選んで○をつけましょう。

個別テスト

自由遊びの間に1人ずつ廊下に呼ばれて行う。

言 語

・お名前、年齢を教えてください。

・幼稚園（保育園）の名前を教えてください。

・幼稚園（保育園）で楽しいことはどんなことですか。

・幼稚園（保育園）で仲よしのお友達のお名前を教えてください。どんなところが好きですか。

・お休みの日は何をして遊びますか。

・家族で楽しいときはどんなときですか。

・お父さま、お母さまの誕生日を教えてください。

・好きな食べ物を教えてください。

・好きな生き物を教えてください。

※回答により質問が発展していく。

6 言語・常識（想像力）

用意されている写真を見せられ、どんな様子か、または写っているものが何に見えるかな

どをテスターにお話しする。写真は、木陰にいる女の子、ランドセルを背負って走っている子どもたち、注射を打つときに泣きそうになっている女の子、空に浮かぶ雲などのうち、いずれかを示される。

集団テスト

運　動

テスターの「スタート」「ストップ」の号令に従い、その場で駆け足をする。

自由遊び

4、5人ずつのグループに分かれて行う。床がテープで仕切られ、グループごとに遊ぶ場所が定められている。なお、輪投げ、ボウリング、テニスラケット、スポンジボールなどで遊ぶ場所と、積み木、折り紙、白い紙、クーピーペンなどで遊ぶ場所に分かれている。
・好きなものを自由に使って、お友達と仲よく遊びましょう。

〈約束〉
・お友達にとがったものを向けない。
・周りを走らない。
・大きな声を出したり、大騒ぎしたりしない。
・お友達と仲よく遊ぶ。

行動観察

・テスターが言った人数のグループを作って座る。
・テスターと体ジャンケンをする。グループの仲間同士でも行う。
・3〜5人ずつのグループに分かれ、用意された材料を使ってできるだけ長いひも状のものを協力して作る。材料はトイレットペーパーの芯、モール、厚紙（白）、割りばし、マスキングテープなどがある。
・3〜5人ずつのグループに分かれて、カプラを高く積む競争をする。

保護者面接

回答にあたって父母の指定はなく、どちらが答えてもよい。双方に同じ内容の質問がされることもある。

保護者

・本校を志望した理由と、どのような点がご家庭の教育方針と合っていると思うかを教えてください。

- 本校に感じる魅力について教えてください。
- ご家庭でのお子さんの様子をお聞かせください。
- 幼稚園（保育園）とご家庭で様子の違いはありますか。ありましたらお聞かせください。
- お子さんの性格について教えてください。また、気をつけていることはありますか。お父さまとお母さま、どちらもお答えください（具体例も聞かれる）。
- お子さんが最近夢中になっていることは何ですか。そのきっかけは何ですか。夢中になっているとき、お父さまはどのような声掛けをしますか。
- お子さんが20歳になったとき、世の中はどのようになっていると思いますか。またそのとき、どのようなスキルが必要になると思いますか。
- お子さんに何か思い通りにならないことがあったとき、どのような対応や声掛けをしていますか。
- お子さんにアドバイスをするときに、気をつけていることは何ですか。
- お子さんとご両親の意見が異なるとき、どのように対応しますか。
- ＩＣＴ教育として本校ではｉＰａｄを利用していますが、ご家庭で使用されることはありますか。利用することに抵抗はありますか。
- 本校に伝えたいことはありますか。不安な点や質問はありますか。

※回答により質問が発展していく。

保護者アンケート

提出は任意で、待ち時間に記入して提出する。以下のような項目がある。

無記名で、入試結果に影響はないとの記載がある。
- 通っている幼児教室名。
- これまでに参加（視聴）された本校のイベント。
- 本校に期待すること。
- 本校の受験を決める際に参考にした情報。
- 本校の志望状況。
- 受験校を決める際に重視したこと。

1 ♠

♣

♥

◇

2

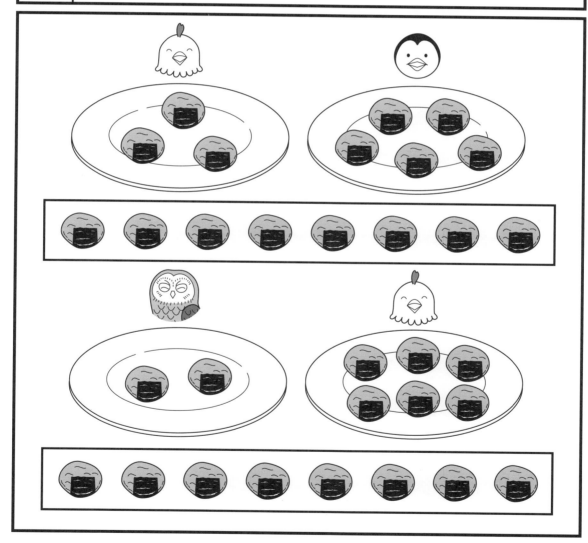

4

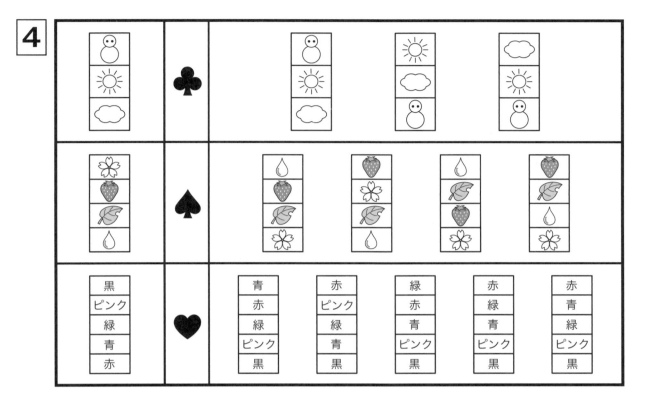

5

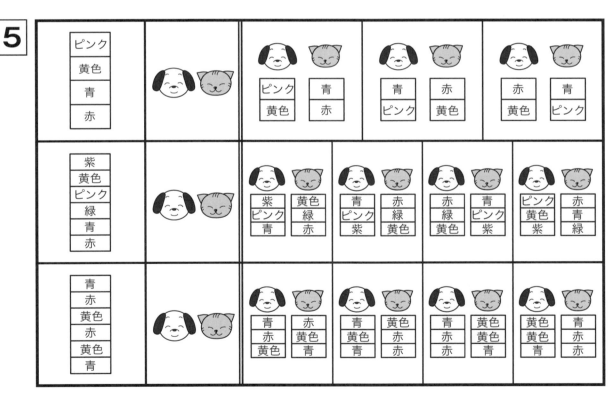

section 2022 桐蔭学園小学校入試問題

■ 選抜方法

一般入試…出願受付順に受験番号が決まる。考査は2日間のうち1日で、1日目に男子、2日目に女子を行う。受験番号順に約10人単位でペーパーテスト、集団テスト、個別テストを実施。所要時間は2時間30分〜3時間。考査日前の指定期間内の希望日に保護者面接がある。
アドベンチャー入試…一般入試前に行われる。考査は1日で、集団テストと保護者面接が行われる。一般入試との併願は不可。

一般入試

■ ペーパーテスト

筆記用具は赤のフェルトペンを使用し、訂正方法は//(斜め2本線)または×(バツ印)。出題方法は音声と口頭。プロジェクターでお手本を見ながら、やり方の説明を聞いた後で行う。

1 話の理解（男子）

- ・1段目です。クマがウサギにケーキをあげました。クマがあげたものを右から選んで○をつけましょう。
- ・2段目です。イヌがネコにお花を摘んであげました。イヌがあげたものを右から選んで○をつけましょう。
- ・3段目です。クマがリスにクルミとドングリをあげて、リスは木のお家で食べました。クマがあげたものを右から選んで○をつけましょう。
- ・4段目です。工作をするので、折り紙とのりとはさみを用意しました。用意したもの全部に○をつけましょう。
- ・5段目です。たろう君はお母さんと一緒に車で公園に行き、そこでサッカーをしました。お話に出てきたものに○をつけましょう。
- ・6段目です。動物たちがプールに入りました。イヌは泳ぐのが得意なので「ワーイ」と喜びました。ウサギは初めて泳ぐのでドキドキして震えています。ネコは泳ぎが得意ではないので悲しそうでした。動物たちはそれぞれどんな顔でしたか。3匹の様子が正しく描いてある四角に○をつけましょう。

2 話の理解（女子）

- ・1段目です。イヌがウサギにニンジンをあげました。イヌがあげたものを右から選んで○をつけましょう。
- ・2段目です。イヌが畑に行き野菜を採ってきて、ウサギに渡しました。イヌが採ってきたものを右から選んで○をつけましょう。

- 3段目です。リスがネコに木の実をたくさんプレゼントしました。リスが持ってきたものを右から選んで○をつけましょう。
- 4段目です。クマとキツネが木のそばで寝ていました。すると小鳥が木の実を食べに来ました。さらにリスがやって来ましたが、鳥は飛んでいってしまい、キツネも歩いて帰っていきました。お話の今の様子に合う絵に○をつけましょう。
- 5段目です。はなこさんが公園に出かけました。雨はやみましたが心配だったので、傘と水筒、虫捕り網と虫カゴ、クッキーを持って出かけました。すべり台に男の子がいたので、誘って一緒にカブトムシを捕まえました。疲れたので水筒の水を飲み、クッキーを食べました。はなこさんが捕まえたものに○をつけましょう。

3 模写（男子）

- 左端のマス目の中にある印を、右のマス目の同じところにかきましょう。間違えたら大きく // か×をつけて、隣の星のマス目にかき直しましょう。

4 構成（女子）

- 左端のお手本と同じものを、右側の積み木で作ります。全部使うとちょうど作れる積み木を1つ選んで、○をつけましょう。積み木は自由に動かせます。

個別テスト　自由遊びの間に1人ずつ呼ばれて行う。

言　語

- お名前、住所、年齢を教えてください。
- 幼稚園、（保育園）の名前を教えてください。
- お休みの日は何をして遊びますか。
- 外遊びは好きですか。

5 お話作り・言語

4枚の絵カードが用意される。カードを並べ替えてお話を作る。その後、最後に白紙のカードを置き、どのような絵とお話が続くかを考えて話す。

集団テスト

運　動

- テスターの「スタート」「ストップ」の号令に従い、その場で駆け足をする。

・テスターの「スタート」の指示でしゃがみ、「ストップ」の指示で立つ。

自由遊び・課題遊び

5、6人ずつのグループに分かれて行う。床がテープで仕切られ、グループごとに遊ぶ場所が定められている。男子には輪投げ、ボウリング、コマ、フープ、スポンジボール、小さいボール、磁石のお絵かきボード、棒、女子には輪投げ、ドミノ、プラスチックのラケット、ボール、木琴、積み木、お手玉などが用意されている。
・好きなものを自由に使って、お友達と仲よく遊びましょう。

遊んでいる途中で、紙コップ、紙皿、画用紙、折り紙、クーピーペン（12色）、白いテープの入ったカゴが男女ともに追加される。
・カゴの中のものも使って、みんなで何をするか考えて楽しく遊びましょう。

〈約束〉
・必ずお友達と遊ぶ。
・自分たちのグループの遊ぶ場所からは出ない。
・棒は投げない。
・ボールがほかのグループの場所に入ってしまったら、自分で取りに行かずにそのグループのお友達に取ってもらう。
・周りを走らない。
・終わったら片づけをする。

保護者面接　回答にあたって父母の指定はなく、どちらが答えてもよい。

保護者

・本校にどのようなイメージを持っていますか。
・本校を志望した理由と、どのような点がご家庭の教育方針と合っていると思うかを教えてください。
・こうなってほしいと思う姿にお子さんがなるために必要な教育と、本校の教育で合致するのはどのような点でしょうか。
・本校に魅力を感じたのはどのような点からでしょうか。また、現在学校の方針を大きく変えている最中ですが、そのことをどう考えますか。
・本校の教育理念には育成すべき「6つのキー・コンピテンシー」がありますが、ご存じですか。この中でどの資質が大切だと思われますか。
・本校ではICT教育として、規制なく自由にタブレットを使わせていますが、理解して

いただけますか。

・アクティブラーニングについて、どう思われますか。

・十数年後には、お子さんは社会的課題に立ち向かわなければなりません。そのために必要と考えられる家庭教育とは何だと思いますか。

・お子さんが20歳になるころ、世界はどのようになっていると思いますか。またそのとき、どのようなスキルが必要だと思いますか。

・自ら考え判断し行動する子どもになるために、取り組んでいることはどのようなことですか。

・お子さんの思い通りに物事が進まないという状況では、どのような対応や言葉掛けをしますか。

・お子さんにアドバイスするときに、気をつけていることは何ですか。

・食卓に嫌いな食べ物を出すと、お子さんはどのような反応をしますか。

・お子さんの食べ物の好き嫌いに対して、どのような工夫をしていますか。

・普段、どのくらいお子さんとかかわる時間をつくれていますか。

・コロナ禍では、どのような過ごし方をしていましたか。

・お子さんの性格について教えてください。お父さまとお母さま、どちらもお答えください（具体例も聞かれる）。

・お子さんが最近夢中になっていることは何ですか。そのきっかけは何ですか。夢中になっているとき、お父さまはどのような声掛けをしますか。

・お子さんが入学された際、お母さまとして楽しみにしていることは何ですか。

・学校に伝えたいことはありますか。不安な点や質問はありますか。

1

3

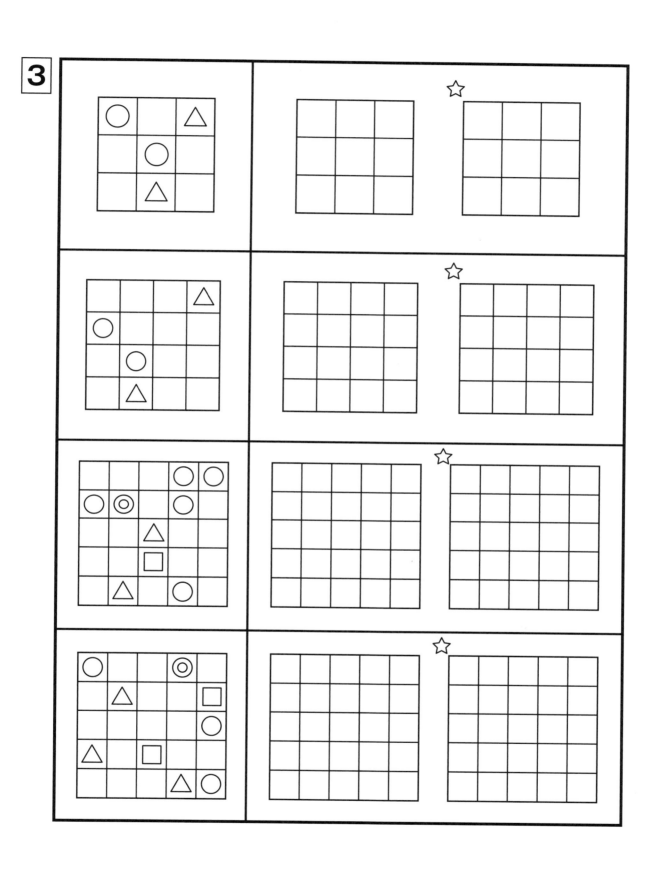

4

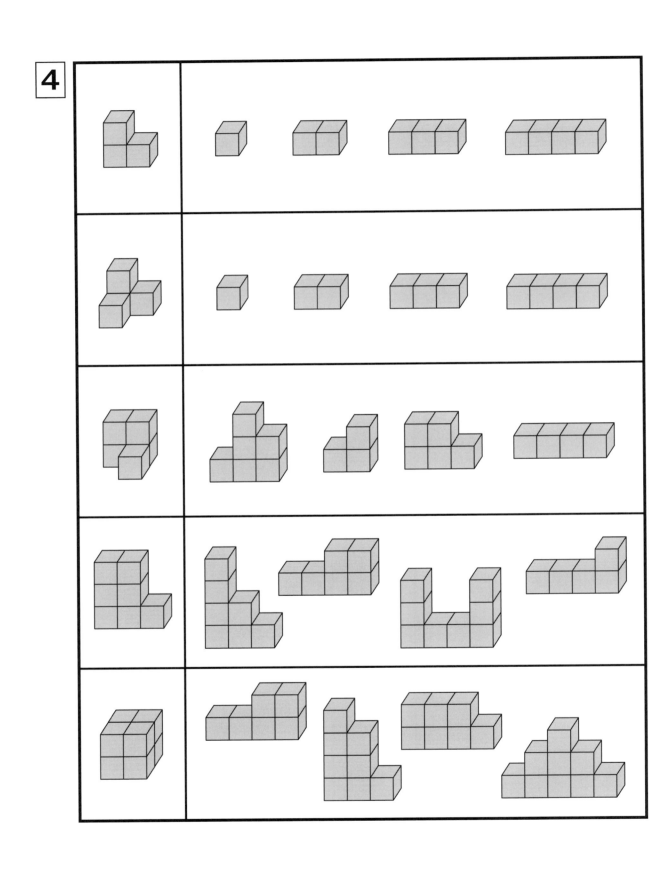

5

2021　桐蔭学園小学校入試問題

■ 選抜方法

出願の受付順に受験番号が決まる。考査は2日間のうち1日で、1日目に女子、2日目に男子を行う。男女とも受験番号順に約10人単位でペーパーテスト、集団テスト、個別テストを行う。所要時間は2時間30分〜3時間。

┃ ペーパーテスト

筆記用具は赤のフェルトペンを使用し、訂正方法は//（斜め2本線）または×（バツ印）。出題方法は話の記憶のみ音声で、ほかは口頭で行う。

1 話の記憶（男子）

絵本「ゴリラのパンやさん」（白井三香子作　渡辺あきお絵　金の星社刊）がスクリーンに映し出され、音声が流れる。

- ・1段目です。ゴリラのパンやさんのお店はどこにあったでしょうか。お話に合う絵に○をつけましょう。
- ・2段目です。ヒツジさんに逃げられてしまった後、ゴリラさんはどんな顔になりましたか。その顔の絵に○をつけましょう。
- ・3段目です。タヌキさんは、ゴリラさんのどこを見て逃げてしまったのでしょうか。お話に合う絵に○をつけましょう。
- ・4段目です。子ウサギたちがパンを買いに来たとき、ゴリラさんはどんなことをしたでしょう。お話に合う絵に○をつけましょう。
- ・5段目です。子ウサギたちにいじわるをしたキツネさんに、ゴリラさんはどんな顔をしましたか。その顔の絵に○をつけましょう。
- ・6段目です。子ウサギたちがカウンターの下をのぞき込んだとき、ゴリラさんはどんな顔をしていましたか。その顔の絵に○をつけましょう。

2 話の記憶（女子）

絵本「ちいさなはりねずみ」（八百板洋子文　ナターリヤ・チャルーシナ絵　福音館書店刊）がスクリーンに映し出され、音声が流れる。

- ・1段目です。ハリネズミがお散歩していたのはどんなところでしょうか。お話に合う絵に○をつけましょう。
- ・2段目です。ハリネズミの子どもが初めて森を歩きだしたとき、どんな気持ちだったでしょう。その気持ちに合う顔に○をつけましょう。
- ・3段目です。ハリネズミに水の飲み方を教えてくれた動物に○をつけましょう。

- 4段目です。ハリネズミは野原に行ってどんなことをしましたか。お話に合う絵に○をつけましょう。
- 5段目です。ハリネズミがアライグマにもらったものに○をつけましょう。
- 6段目です。このお話に出てこなかったものに○をつけましょう。

3 位置・置換（男子）

- 左端のマス目の中にある印を、すぐ隣の矢印にかいてあるように別の印に置き換えるとどのようになりますか。右から正しいものを選んで○をつけましょう。

4 観察力（同図形発見）（女子）

- 上のお手本と同じものを、すぐ下の四角の中から探して○をつけましょう。お手本とは向きが変わっているものもあります。

集団テスト

運　動

- 右手で左肩を8回たたき、左手で右肩を8回たたく→右手で左肩を4回たたき、左手で右肩を4回たたく→右手で左肩を2回たたき、左手で右肩を2回たたく→左右の肩を同様に1回ずつたたき、拍手を1回してリズムよく終わる。2回繰り返す。
- テスターの「スタート」「ストップ」の号令に従い、その場で駆け足やジャンプをする。

自由遊び

輪投げ、お絵かきボード、ウォーターゲーム、スポンジボールとラケット、折り紙、お手玉、的当ての的が用意されている。
- 好きなものを自由に使って、お友達と仲よく遊びましょう。

行動観察（共同制作）

5、6人ずつのグループに分かれて行う。10色の色画用紙各3枚と、それを使って作った円柱・四角柱・三角柱、段ボール箱、紙コップ、紙皿、マスキングテープ、セロハンテープが用意されている。はさみはなく「テープや紙はちぎってもよいですよ」という指示がある。
（男子）
- グループで協力してお家を作りましょう。どんなお家にするか、よく相談して作りましょう。
（女子）

・グループで協力してお城を作りましょう。どんなお城にするか、よく相談して作りましょう。

■ 個別テスト ■ 自由遊びの間に1人ずつ呼ばれて行う。

🔖 言　語

・お名前、幼稚園（保育園）の名前、担任の先生の名前を教えてください。
・今、練習していることや頑張っていることは何ですか。
・好きな運動は何ですか。
・好きな動物は何ですか。
・好きな遊びは何ですか。
・家族で出かけて楽しかった場所はどこですか。

🔖 言語・常識

（男子）
タブレット端末で動画（ウサギのパペットが水を運んでいて、こぼしてしまう）を見せられる。
・あなたなら、ウサギさんにどのように声をかけてあげますか。
（女子）
タブレット端末で動画（ウサギのパペットがキャッチボールをしている。ボールをうまくキャッチできず2度失敗し、3度目でキャッチできた）を見せられる。
・あなたなら、ウサギさんにどのように声をかけてあげますか。

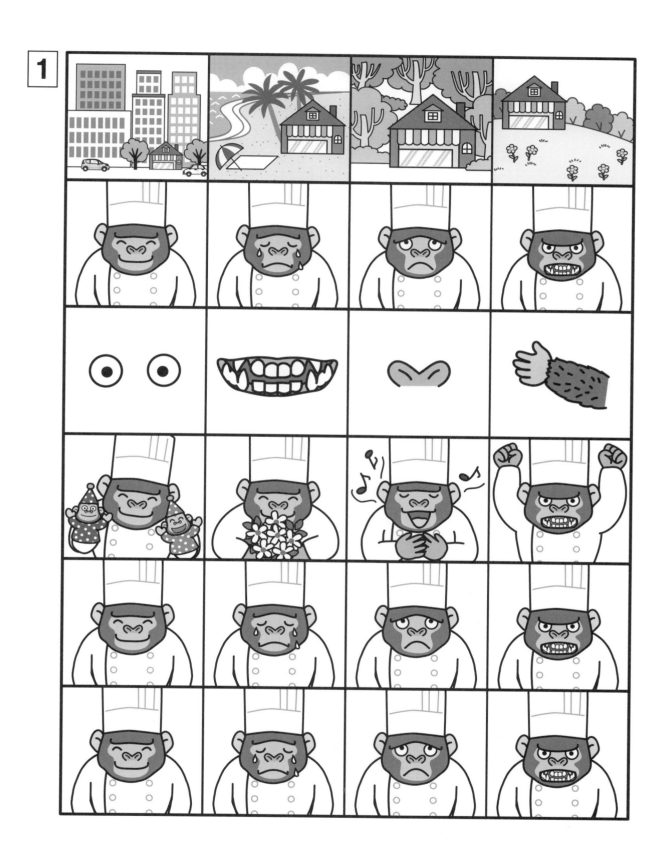

2

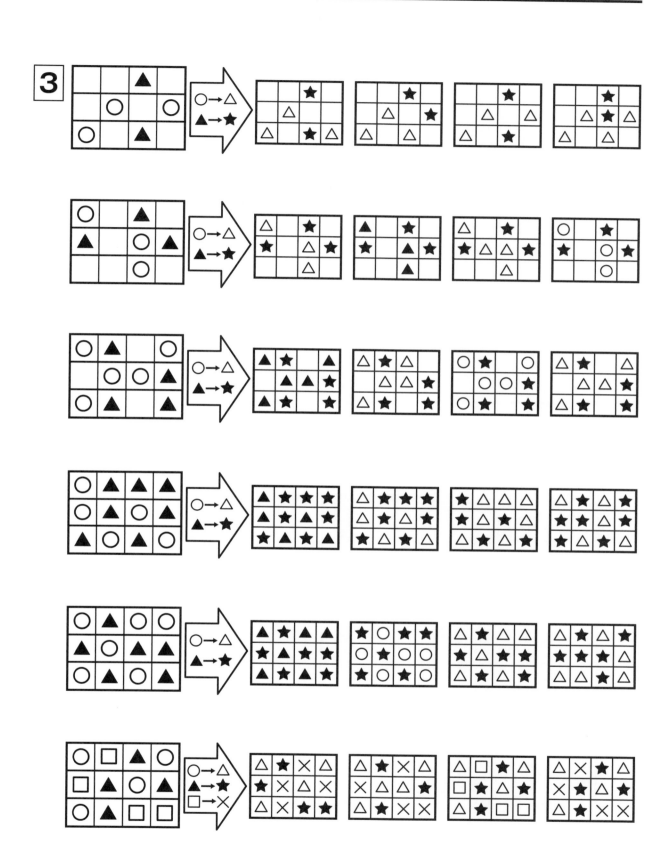

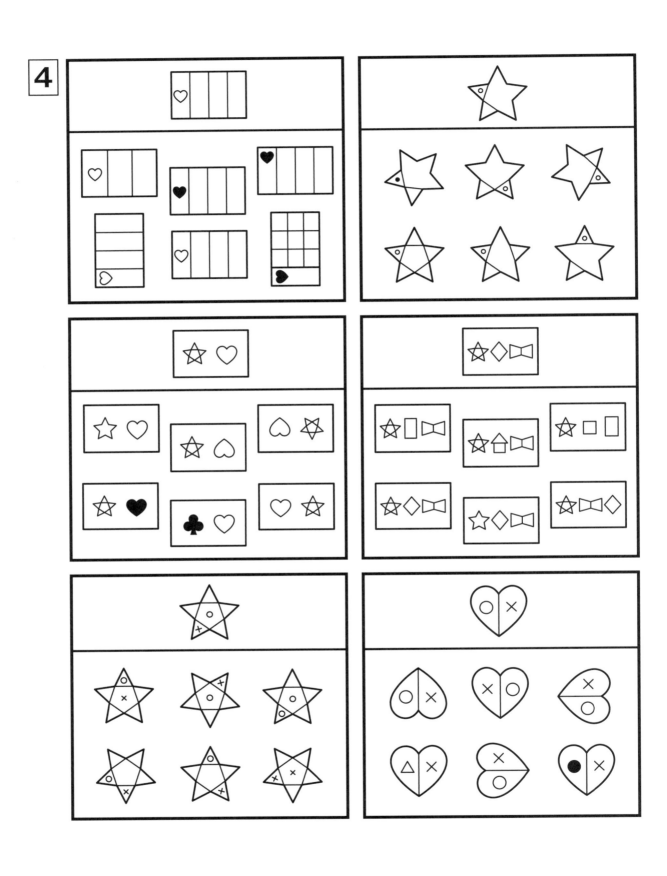

section
2020 桐蔭学園小学校入試問題

■ 選抜方法

出願の受付順に受験番号が決まる。考査は1日で、受験番号順に約20人単位でペーパーテスト、集団テスト、個別テスト、保護者面接を行う。所要時間は2時間30分〜3時間。保護者面接の所要時間は5〜10分。

■ ペーパーテスト

筆記用具は赤のフェルトペンを使用し、訂正方法は//（斜め2本線）または×（バツ印）。出題方法は話の記憶のみ音声で、ほかは口頭で行う。

1 話の記憶

「あるところに、しりとりが大好きな王様がいました。その日に食べるものも、毎日しりとりでつながっていないと気がすまないのです。そして一日の最後は必ずプリンで終わらなければなりません。来る日も来る日も家来たちがそのメニューを考えていました。ある日、家来たちは朝ごはんに『サンドイッチ』を出し、昼ごはんには『ちくわ』『ワカメ』『目玉焼き』『キノコ』を出しました。王様は『よしよし、全部しりとりでつながっているな、いいぞ』と満足そうに食べました。そしておやつには『ココア』を飲みました。『うん、これもしりとりでつながっているな。食べるものが全部しりとりでつながっていて、今日も一日気持ちがいいなあ。さて、夕ごはんは何かな』と、王様は楽しみにしていました。そして夕ごはんの時間になりました。家来たちは『ア』で始まるものを一生懸命考え、『アスパラ』と『ラーメン』を出しました。でも、これでは『ラーメン』でしりとりが終わってしまい、王様が楽しみにしているプリンを出すことができません。『プリンはまだか！』と王様はかんかんになってしまい、家来たちはとても怒られて悲しい気持ちになりました。次の日、家来たちは王様に内緒で、こんな作戦を立てました。『今日のメニューは、朝ごはんにトマト、トースト、昼ごはんにもトマト、トースト、夕ごはんにもトマト、トーストを出してしまおう』。すると王様は、『いくらしりとりでつながっていても、こんなにトマトとトーストばかりでは飽き飽きじゃ』と言ってこれに懲り、しりとりでつながるメニューにするのをやめることにしました。そして家来たちも、作戦が成功して大喜びしました」

・1段目です。王様に怒られてしまったときの家来たちの顔はどのような様子だったと思いますか。合うものに○をつけましょう。
・2段目です。家来たちが王様に怒られてしまった日に、王様が最後に食べたものに○をつけましょう。

・3段目です。王様が毎日食べていたものに○をつけましょう。

② 言語（しりとり）

・しりとりで最後までつながる段はどれですか。その右端の四角に○をかきましょう。

③ 推理・思考（回転図形）

最初にプロジェクターでお手本を見ながらやり方の説明を聞き、一番上を例題として行ってから取り組む。

・左端の絵をどのように回してもできないものを、右から選んで○をつけましょう。

④ 常識（道徳）

・上の2段です。優しい様子だと思う絵を選んで○をつけましょう。
・一番下の段です。あなたならこうすると思う絵を選んで○をつけましょう。

▌個別テスト　▌自由遊びの間に1人ずつ呼ばれて行う。

- -

🔲 言　語

・お名前を教えてください。
・（次の巧緻性の課題で使用する台紙とシールを見せられて）「今貼りたいならシールを1枚しかあげられませんが、お話が全部終わった後ならシールを2枚貼れますよ。今貼りますか、後にしますか」（「今」と答えた場合は、ここで巧緻性の課題をシール1枚分のみ行う）。
・今あなたが頑張っていることは、どのようなことですか。

🔲 巧緻性

左上と右下に5cm程度の星が描いてあるA5判の台紙と、その星形と同じ大きさのキラキラ光る星のシールが2枚用意されている。
・台紙の星にピッタリ合わせて、シールを貼りましょう。

〈台紙〉

〈シール〉

赤くキラキラ光るシールが2枚ある

集団テスト

運　動

テスターの「スタート」「ストップ」の号令に従い、その場で駆け足をする。

自由遊び

5、6人ずつのグループに分かれて行う。積み木、輪投げ、折り紙、お手玉、的当て、コマが用意されている。好きなもので自由に遊ぶ。

行動観察（パズル）

5、6人ずつのグループに分かれて行う。グループごとに、完成するとA3判くらいになるパズルのピース（60個）が用意されている。
・お友達と協力して、パズルを完成させましょう。

保護者面接　回答にあたって父母の指定はなく、どちらが答えてもよい。

保護者

・本校を志望したきっかけを教えてください。
・お子さんの「強み」を3つ教えてください。
・その中で、もっと伸ばしたいと思うところ、一番よいと思うところを教えてください。
・その中で、少し困っているところを教えてください。
・お子さんに社会性を身につけさせるために、ご家庭ではどのようなことに取り組んでいますか。
・「子は親の背中を見て育つ」と言われていますが、親としてどんなことを意識していますか。

1

2

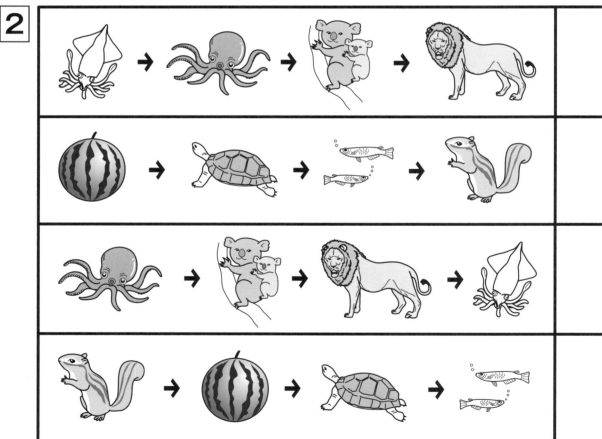

3

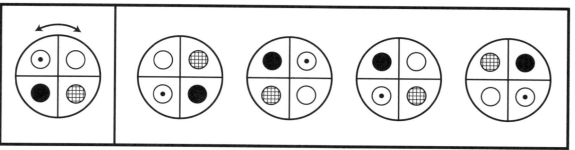

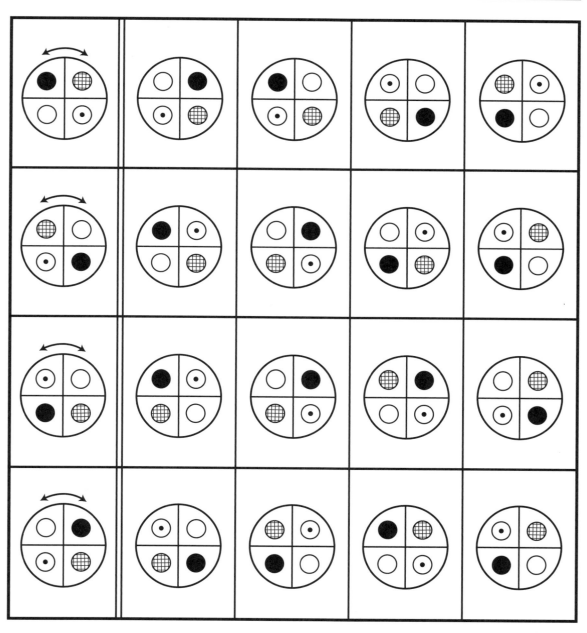

4

section
2019 桐蔭学園小学部入試問題

■ 選抜方法

出願の受付順に受験番号が決まる。考査は1日で、受験番号順に約20人単位でペーパーテスト、集団テスト、個別テスト、保護者面接を行う。所要時間は2時間30分～3時間。保護者面接の所要時間は5～10分。

┃ ペーパーテスト ┃ 筆記用具は赤のフェルトペンを使用し、訂正方法は//（斜め2本線）または×（バツ印）。出題方法は話の記憶のみ音声で、ほかは口頭で行う。

1 話の記憶

「キツネさんは、森の秘密の場所に本を持って遊びに行きました。森の奥の木がたくさん生えている中にはぽっかりと広場があって、その真ん中に大きな切り株があるのです。キツネさんはそこで本を読もうと思っていましたが、先にクマ君が切り株に座っていたのでがっかりしました。そこで、しばらく散歩してからまた戻ってくることにしました。戻ってみると、今度はウサギさんが座ってカゴを編んでいたので、またがっかりしました。キツネさんは、もう一度散歩してこようと歩き出しました。しばらくしてから戻ってみると、なんと今度はリス君のきょうだいが切り株に座ってお弁当を食べていました。キツネさんはまたがっかりして、本を読むのをあきらめてお家に帰りました。さて次の日、キツネさんは早起きをして、また森の秘密の場所に向かいました。切り株には誰もいなかったので、キツネさんは切り株に座り、持ってきた本を読み始めました。しばらくすると、クマ君が本を持ってきて言いました。『僕も切り株に座らせて』『いいよ』とキツネさんは答えました。次にウサギさんが来て言いました。『わたしも切り株に座らせて』『いいよ』とキツネさんは答えました。最後にリス君のきょうだいがやって来て言いました。『僕たちも一緒に座らせて』『いいよ』とキツネさんは答えました。そうしてみんなで仲よく1つの切り株に座り、そこはみんなの秘密の場所になりました」

・1段目です。最初に大きな切り株にやって来たときのキツネさんの気持ちに合う絵に○をつけましょう。
・2段目です。キツネさんは森に何を持って出かけましたか。合う絵に○をつけましょう。
・3段目です。今のお話に出てこなかった動物に○をつけましょう。
・4段目です。切り株でカゴを編んでいた動物に○をつけましょう。
・5段目です。お話の最後には、大きな切り株はどのような様子になりましたか。合う絵に○をつけましょう。

2 推理・思考

・一番上のスペードのところを見ましょう。外側の丸には下に星印がかいてあります。内側の丸には上に星印、中には十字の筒があり、筒の中には3つのボールが入っています。内側の丸は外側の星印に自分の星印が重なるところまで矢印の向きに動きます。すると、筒の中のボールは筒の傾く方に動きます。その様子を順番に見ていきましょう。上の星印が左に来ると、真ん中の黒いボールが筒の傾く方に転がり、灰色のボールが真ん中に来ます。次に星印が下まで来ると、今度は真ん中の灰色のボールが筒の傾く方に転がり、真ん中に白いボールが来るということです。そうすると、一番右のような絵になります（実際に映像を使ってボールの動き方の説明をする）。では、クローバーの段のところを一緒にやりましょう（一緒に行いながら確認する）。やり方はわかりましたか。では、下の問題も同じように、内側の星印が外側の星印のところまで矢印の向きに回ると、中のボールはどのようになるか、右から選んでそれぞれ○をつけましょう。

3 常 識

・ハート、ダイヤ、クローバー、スペード、星のそれぞれの段で、正しいと思う絵に○をつけましょう。

▌ 個別テスト ▌ 自由遊びの間に1人ずつ呼ばれて行う。

◆ 言 語

・お名前、幼稚園（保育園）の名前を教えてください。
・幼稚園（保育園）でする楽しいことは何ですか。
・ほめられたこと（しかられたこと）を教えてください。

◆ 生活習慣

ぬれたハンカチの入った箱、洗濯用ピンチハンガー、洗濯ばさみ、物干し用ロープが用意されている。
・ぬれたハンカチを、よく乾くように干してください。

▌ 集団テスト ▌

◆ 自由遊び

5、6人ずつのグループに分かれて行う。積み木、輪投げ、折り紙、ボウリング、パズル

のコーナーがそれぞれ用意してある。

・グループごとに自由に遊びましょう。

行動観察（タワー作り）

グループごとに、紙コップがたくさん用意されている。

・グループごとに、1つの紙コップタワーをなるべく高く作りましょう。壊れたら何度でもやり直していいですよ。「始め」の合図で始め、「やめ」の合図でやめましょう。やめたら1列に体操座りをして待ちましょう。

運　動

全員で大きな1つの輪を作る。自分たちで「前、後ろ、上、下」と号令をかけながら、「前」のときは前へ、「後ろ」のときは後ろへ、「上」のときはその場でジャンプし、「下」のときはしゃがむ。次に、同じ号令をかけながら「前」のときは後ろへ、「後ろ」のときは前へジャンプし、「上」のときはしゃがみ、「下」のときはその場でジャンプする。

保護者面接 | 回答にあたって父母の指定はなく、どちらが答えてもよい。

保護者

・今朝はどのような話をしながら本校までいらっしゃいましたか。

・本校では「自ら考え判断し行動する」という主体性を重視しています。主体性を育てるために、ご家庭で取り組んでいることはありますか。

・どのようなときにお子さんをほめますか（しかりますか）。

・小学生になると通学時間が長くなります。幼児期から公共のマナーを教える意味について、どのようにお考えですか。

・勉強やスポーツなど競争する機会もあり、負けて悔しがり泣くこともあると思います。お子さんが頑張っても思うようにいかないとき、ご家庭ではどのようになさいますか。

1

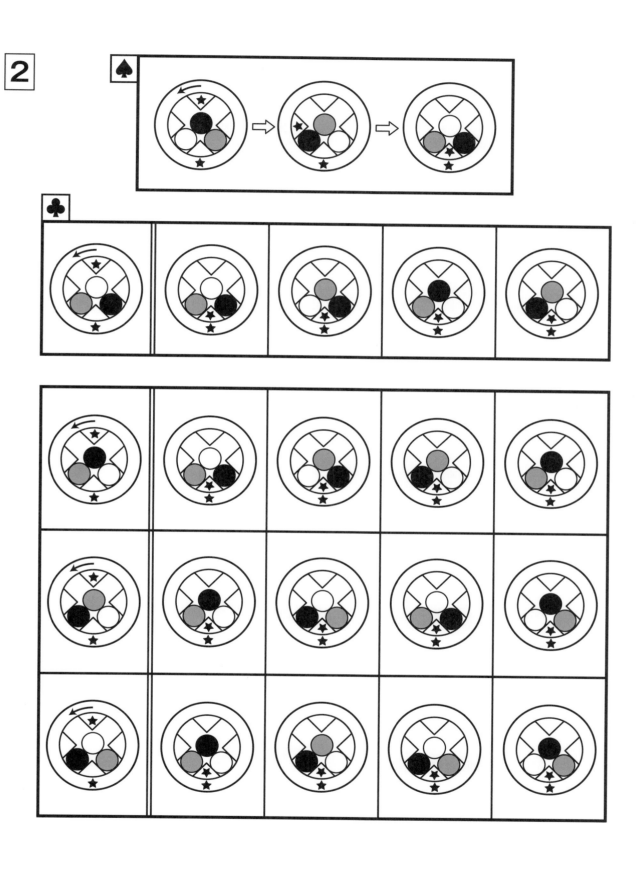

3

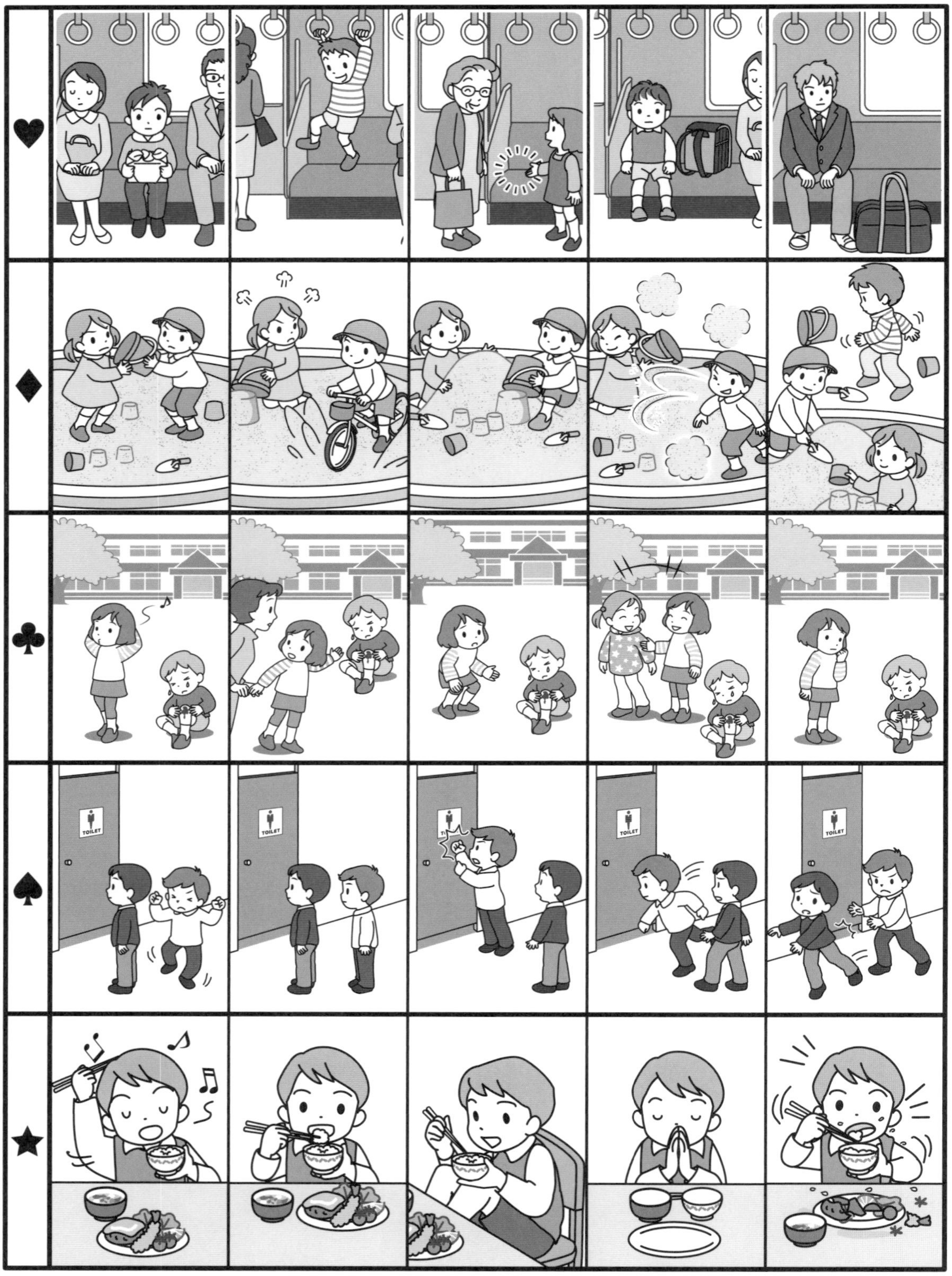

section
2018 桐蔭学園小学部入試問題

■ 選抜方法

出願の受付順に受験番号が決まる。考査は1日で、受験番号順に10〜16人単位でペーパーテスト、集団テスト、個別テスト、保護者面接を行う。所要時間は1時間30分〜2時間30分。子どもの考査中に保護者面接を行う。所要時間は5〜10分。

┃ ペーパーテスト ┃

筆記用具は赤のフェルトペンを使用し、訂正方法は // （斜め2本線）または ×（バツ印）。出題方法は話の記憶のみ音声で、ほかは口頭で行う。

1 話の記憶

「あやかちゃんが段ボール箱でポストを作りました。次の日になるとあやかちゃんのポストは手紙でいっぱいになっていました。『そうだ、みんなにお手紙を配達してあげよう』と、あやかちゃんは手紙の宛名の動物たちを探しに行きました。まず最初はウシさんです。ウシさんは何と押し入れの中にいました。手紙を渡すと、ウシさんは喜びました。次に本棚のところへ行くと、9冊目の本の表紙の絵の中からイカ君が出てきました。手紙を渡すと、『えへへ、見つけにくかったでしょう。本当にありがとう』とイカ君が言いました。次に冷蔵庫のところへ行くと、中からペンギンさんが出てきました。『あ！　お父さんからだ。すぐにお返事を書かなくちゃ』と言って、ペンギンさんは少し涙を流しました。最後にキリンさんが階段のところから顔を出したので、手紙を渡しました。次の日もポストは手紙で満杯になっていて、風船のようにふくれていました。またお仕事ができて、とてもうれしいあやかちゃんでした」

・1段目です。あやかちゃんは何でポストを作りましたか。合う絵に○をつけましょう。
・2段目です。キリンさんはどこから顔を出しましたか。合う絵に○をつけましょう。
・3段目です。ペンギンさんは手紙をもらったとき、どんな顔になりましたか。合う絵に○をつけましょう。

2 推理・思考（回転図形）

最初にプロジェクターでお手本を見ながらやり方の説明を聞き、一番上を例題として行ってから取り組む。
・左の形は、外側の丸と内側の丸でそれぞれ回すことができます。外側の丸と内側の丸をどのように回してもできない形を、右から選んで○をつけましょう。

3 常識（道徳）

砂場で遊んでいて手が汚れました。手を洗うときにはどのようにしたらよいですか。あなたがすると思う絵を選んで○をつけましょう。

集団テスト

自由遊び

4つのグループに分かれて行う。積み木、紙コップ、折り紙、塗り絵、パズルのコーナーがあり、どのコーナーで遊ぶかをグループごとに決めてから遊ぶ。途中で遊ぶコーナーを変えてもよい。

行動観察（玉入れ）

8人ずつ、緑と赤の2つのチームに分かれて行う。チームごとにさらに4人ずつ、玉を投げるグループと玉を拾うグループに分かれる。玉を投げるグループは床に置かれたカゴに向かって玉を投げ、玉を拾うグループはカゴの向こう側でカゴに入らなかった玉を拾う。「やめ」の合図があったら、役割を交代する。お友達と協力する、床に引かれたラインを踏まない、というお約束がある。

運　動

・フープの中に立ち、合図があるまで片足で立つ。
・フープの中に立ち、外に出ないようにその場でボールをつく。
・全員で輪になり手をつないだまま、テスターの指示に従い前後左右にジャンプする。

個別テスト　　自由遊びの間に1人ずつ呼ばれて行う。

言　語

・お名前、幼稚園（保育園）の名前を教えてください。
・仲よしのお友達の名前を教えてください。そのお友達の誕生日プレゼントに何をあげたいですか。（答えると）どうしてそれをあげたいのですか。
・幼稚園（保育園）ではどのように過ごしていますか。

巧緻性・工夫力

上質紙でできた縦10cm、横5cmくらいの大きさのキリン、洗濯ばさみ2つ、割りばし2膳、書類用のクリップ2つが用意されている。
・ここにあるもののどれかを使って、キリンを立たせてください。

保護者面接

回答にあたって父母の指定はなく、どちらが答えてもよい。

保護者

・今朝のお子さんのご様子はいかがでしたか。

・本校は児童の主体性を重視していますが、ご家庭でお子さんに主体性を身につけさせるために何か取り組んでいることはありますか。

・学校から通学途中のお子さんのマナーがよくないと言われましたが、実際にはお子さんよりほかのお子さんの方がマナーが悪いことがわかったとします。どのように対処されますか。

・昨今、ＡＩが話題となっていて、人間のやることが少なくなっていくと言われています。そういった環境の中で将来お子さんにはどのような役割を担っていってほしいと思われますか。

2

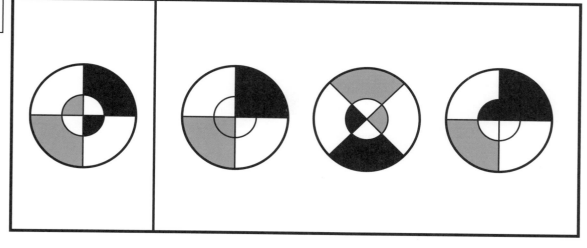

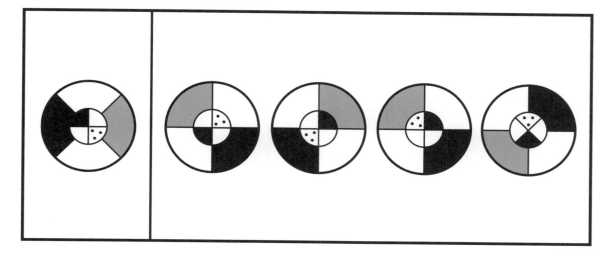

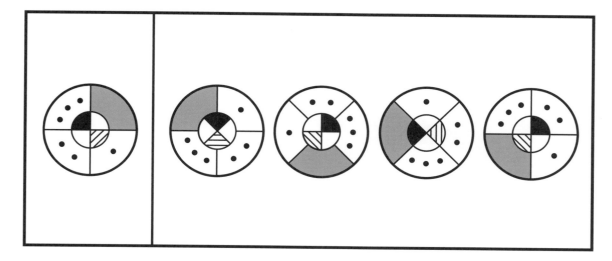

3

section
2017 桐蔭学園小学部入試問題

■ 選抜方法

出願の受付順に受験番号が決まる。考査は1日で、受験番号順に約20人単位でペーパーテスト、集団テスト、本人面接、保護者面接を行う。所要時間は2時間〜2時間30分。ただし面接の順番により4時間以上かかる場合もある。面接は考査当日、ペーパーテストと集団テストの終了後に行われる。

■ ペーパーテスト
筆記用具は赤のフェルトペンを使用し、訂正方法は//（斜め2本線）または×（バツ印）。出題方法は話の記憶のみCDで、ほかは口頭で行う。

1 話の記憶

「4つのタンポポの綿毛が飛んでいました。2つの綿毛は、町を越えて遠くにある原っぱに降りて、春になるとタンポポの花をいっぱい咲かせました。あと2つの綿毛は、原っぱに着く前に疲れてしまいました。そのうちの1つは町の病院の花壇に降りて、春になるとタンポポの花をいっぱい咲かせました。もう1つの綿毛は海へ飛んでいきました。そして真っ逆さまに海に落ち、春になると海にタンポポの花を咲かせました。漁師さんがそれを見て、『すてきだなあ』と言いました」

・ダイヤの段です。タンポポの綿毛たちが降りた場所に○をつけましょう。
・ハートの段です。飛んでいった綿毛の数は全部でいくつですか。○をつけましょう。
・スペードの段です。タンポポが咲いている様子を見て、「すてきだなあ」と言った人は誰ですか。○をつけましょう。
・クローバーの段です。タンポポが咲いた季節の絵に○をつけましょう。

2 推理・思考

最初に映像でお手本を見ながらやり方の説明を聞き、例題を行ってから取り組む。
・左側にマス目がかかれたサイコロがあります。マス目のいくつかは黒くなっていて、1つのマス目には星のボタンがついています。星のボタンを押すと、星のボタンがあるマス目のすぐ上、下、左、右のマス目だけ白は黒に、黒は白に変わります。では、それぞれの段で左のサイコロの星のボタンを押すと、マス目はどのようになりますか。右から選んで○をつけましょう。

3 常識（交通道徳）

・上の四角には電車の中の絵、下の四角には駅のホームの絵がありますね。この中でいけ

ないことをしている人に○をつけましょう。

集団テスト

📋 行動観察（集団遊び）

カラー帽子をかぶり、2つのグループに分かれて行う。ラケットとボール、輪投げ、フラフープ、塗り絵などが用意されている。グループで相談して、グループ全員で同じ遊びをする。「やめ」の合図があったら、グループを変えて違う遊びをする。お友達とけんかをしないというお約束がある。

📋 模倣体操

手でグーパーをする。

📋 運　動

緑の線の上をケンケンパーで進む。

本 人 面 接

親子別々に誘導され、別室にて同時進行で行われる。子どもは2人ずつ誘導され、テスターと1対1で個別面接を行う。

本　人

・お名前、幼稚園（保育園）の名前、誕生日を教えてください。
・お家でする一番好きな遊びを教えてください。

📋 巧緻性・工夫力

ガラスのコップやプラスチックの箱、山の写真の台紙、磁石がつけられたヒツジの絵カードとクリップがつけられたオオカミの絵カード、用紙、鉛筆などが用意されている。
・コップや箱を紙の上に置いて、鉛筆で周りをなぞって型取りをしましょう。
・山の写真の上で、ヒツジをオオカミの近くまで動かしましょう。ただしオオカミにくっついてしまうとヒツジは食べられてしまいます。ヒツジをオオカミに食べられないようにしながらできるだけ近づけて、一番近づいた場所を教えてください。「やめ」と言われるまで何度やってもよいですよ。

保護者面接

回答にあたって父母の指定はなく、どちらが答えてもよい。

保護者

・本校での教育を経て、将来どんな人物になったり、職業に就いたりしてほしいと考えていますか。
・お家でお子さんとどのように接していますか。
・公共の場でのルールやマナーについて、お子さんにどのように伝えていますか。
・学校行事や父母会活動に参加していただけますか。
・学校で理不尽なことが起こったとお子さんが感じたとき、どのような対応をしますか。
・お子さんに主体性や自主性を身につけさせるために、ご家庭ではどう取り組んでいますか。
・お子さんの自立のために、どのようなことをご家庭で意識していますか。

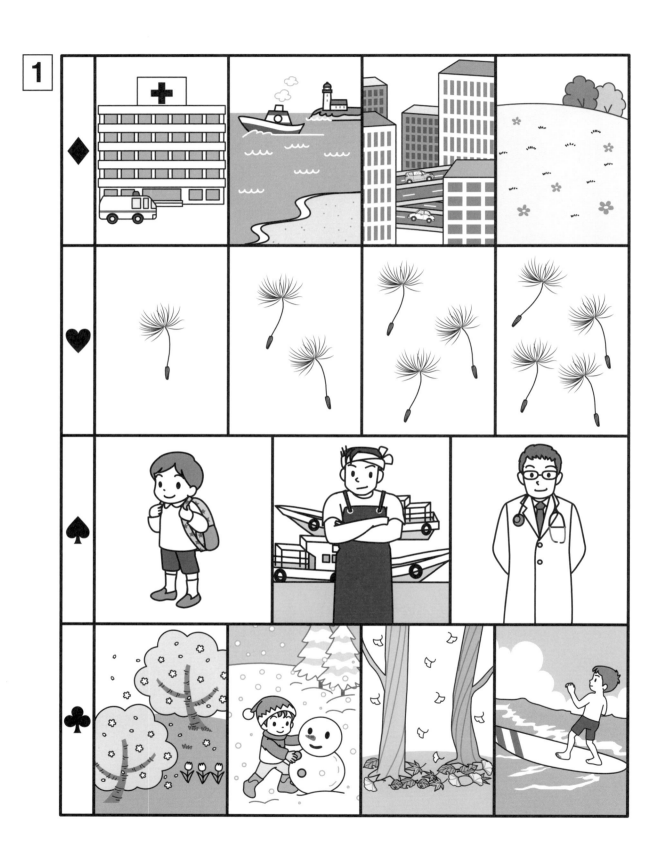

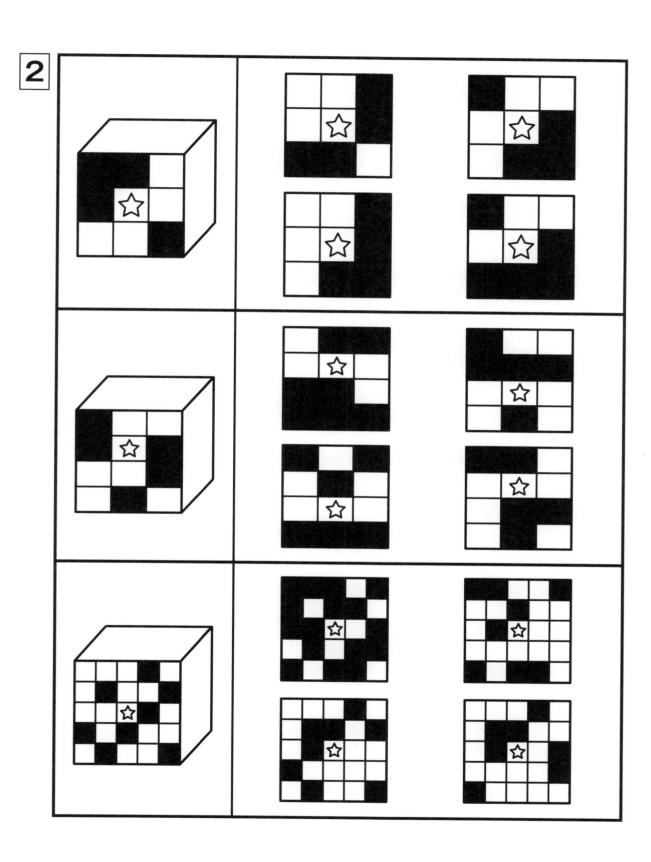

3

section
2016 桐蔭学園小学部入試問題

■ 選抜方法

出願の受付順に受験番号が決まる。考査は1日で、受験番号順に約20人単位でペーパーテスト、集団テスト、本人面接、保護者面接を行う。所要時間は2時間～2時間30分。面接は考査当日、ペーパーテストと集団テストの終了後に行われる。

┃ ペーパーテスト ┃ 筆記用具は赤のフェルトペンを使用し、訂正方法は//（斜め2本線）または×（バツ印）。出題方法は話の記憶のみCDで、ほかは口頭で行う。

1 話の記憶

「ある日、お母さんが言いました。『赤ちゃんに飲ませるミルクが欲しいのだけど、お母さんちょっと忙しいの。みいちゃん1人で買ってきてくれる？』『うん。もう5歳だから1人で行けるよ』。みいちゃんは喜んでお返事をすると、お母さんと2つのお約束をしました。車に気をつけることと、おつりをもらうのを忘れないことです。そして、お母さんからもらった100円玉2枚をしっかり握りしめ、お家を出ました。お店は坂のてっぺんにあります。いつもお母さんと公園に行くときに前を通ります。みいちゃんは坂道を駆け出しました。そのとたん、すってーん！　あまりにも急いでいたので石につまずいて転び、お金を落としてしまいました。足も手も痛みましたが、すぐに立ち上がるとお金を拾って、みいちゃんはまた元気に坂を駆け上りました。でもお店に着いても誰もいません。『ミルクをください』と言いましたが、声が小さすぎて聞こえないようです。誰も出てきません。すると体の大きなおばさんが『あのね、パンをくださいな』と、みいちゃんを押しのけるようにお店の前に立ちました。大きなおばさんは、お店のおばさんとおしゃべりをしてパンを買っていきました。お店の前にいるのは、またみいちゃんだけになりました。『ミルクをください』。突然、自分でもびっくりするくらい大きな声が出ました。『まあまあ、小さなお客さん。気がつかなくて、ごめんなさい』。みいちゃんはお金を渡してミルクを受け取ると、ぱっと駆け出しました。『ちょっと、ちょっと待って』とお店のおばさんが追いかけてきます。『おつりですよ。忘れずに持って帰ってね』。おばさんは、みいちゃんにおつりを渡してくれました。『あ、いけない。忘れてた！　どうもありがとうございます！』みいちゃんはおばさんからおつりをしっかり受け取りました。坂の下まで帰ってくると、お母さんが赤ちゃんを抱っこして手を振って待っていました」

・1段目です。お店はどこにありましたか。合う絵に○をつけましょう。

・2段目です。体の大きなおばさんが買ったものに○をつけましょう。

・3段目です。みいちゃんが買ったものに○をつけましょう。

2 巧緻性

直径約2cmの赤、青、黄色、緑、白のシールが各4枚用意されている。
・プリントにかかれた丸に、上の段からシールを赤、青、黄色、緑、白の順番で貼っていきましょう。

3 常 識

・1段目です。夏と仲よしの絵はどれですか。○をつけましょう。
・2段目です。冬と仲よしの絵はどれですか。○をつけましょう。
・3段目です。木になるものはどれですか。○をつけましょう。

4 推理・思考

プロジェクターで、枠の中のブロックを空いているところに動かし、白い矢印から黒い矢印まで道ができるようにするお手本を見ながら、やり方の説明を聞く。
・プリントの絵の中から、枠の空いているところにブロックを動かしたとき、白い矢印から黒い矢印まで進める道ができるものを選んで○をつけましょう。ブロックは斜めには動かせません。

集団テスト

自由遊び

ペットボトル、スポンジボール、ボウリング、フープ、ラケット、お手玉、メダルが用意されている。好きなものを使ってお友達と仲よく遊ぶ。
〈約束〉
・お友達がけがをするような遊びはしない。
・お友達とけんかをしない。
・床に貼ってあるテープの外には出ない。

本 人 面 接

親子別々に誘導され、別室にて同時進行で行われる。子どもは2人ずつ誘導され、同じ教室で背中合わせで、テスターと1対1で個別面接を行う。

本 人

・お名前、誕生日、幼稚園（保育園）の名前、担任の先生の名前を教えてください。
・幼稚園（保育園）ではいつも誰と何をして遊びますか。

📖 工夫力・巧緻性

水をはったボウルの中にビー玉を入れたものと、おはし、おたま、穴開きおたま、しゃもじ、ナイフ、スプーン、フォーク、トレーが用意されている。
- 好きな道具を使ってボウルの中のビー玉をすくってトレーに移しましょう。できるだけボウルの中の水をこぼしたり、トレーの中に水を入れたりしないようにしましょう。
- （お皿におもちゃのスパゲティのようなものが入っている）ビー玉のときと同じ道具を使って、お皿の中のものをトレーに移しましょう。

📖 指示行動・言語

仕切りのある白い箱と黒い箱の中に、シマウマ、ライオン、カバのおもちゃが入っている。
- 白い箱からカバを出してください。
- 黒い箱からライオンを出してください。
- 白い箱の中で、シマウマが倒れています。どうしたらよいと思いますか。

保護者面接 ｜ 回答にあたって父母の指定はなく、どちらが答えてもよい。

保護者

- 本校を志望したきっかけを教えてください。
- 本校にどのようなことを求め、またご家庭ではどのようなサポートをしようと思いますか。
- お子さんの長所と短所を教えてください。
- 公共の場でのルールやマナーについて、お子さんにどのように伝えていますか。
- 学校行事や父母会活動に参加していただけますか。
- 本校の公開行事に参加されて、どのような点がご家庭の考えと一致していると思われましたか。具体的な感想をできるだけたくさんお聞かせください。
- 本校の教育プログラムについてご質問、またはよいと思われるところはありますか。
- 子育てにおいて、学校と家庭の役割で大事なことはどのようなことだと思いますか。
- お子さんを幼稚園（保育園）に通わせてみて一番よかったと思うことをお話しください。
- お子さんは今、何か夢中になっていることはありますか。

1

2

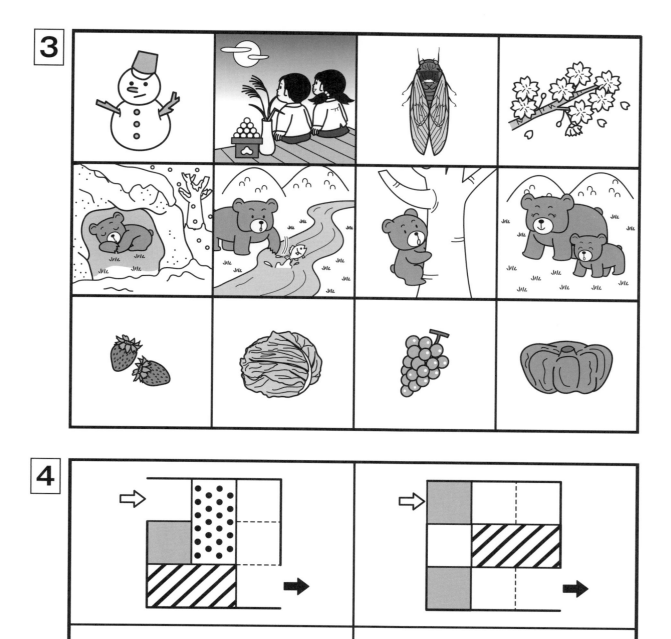

page 071

2015 桐蔭学園小学部入試問題

■ 選抜方法

出願の受付順に受験番号が決まる。考査は1日で、受験番号順に約20人単位でペーパーテスト、集団テスト、本人面接、保護者面接を行う。所要時間は1時間～1時間30分。面接は考査当日、ペーパーテストと集団テストの終了後に行われる。

┃ ペーパーテスト ┃

筆記用具は赤のフェルトペンを使用し、訂正方法は // (斜め2本線) または ×
(バツ印)。出題方法は話の記憶のみCDで、ほかは口頭で行う。

1 話の記憶

「女の子が赤い帽子をかぶって散歩に出かけました。春風がピューと吹いて帽子が飛んでしまいました。女の子は『待って、待って』と追いかけましたが見えなくなってしまい、追いかけるのをあきらめました。アヒルのガーコさんがお使いの途中、赤い帽子が飛んできたので『買い物カゴにするわ』と言って赤い帽子を買い物カゴにしました。お花屋さんで買ったチューリップをさっそく赤い帽子の買い物カゴに入れてお家に帰り、チューリップを買い物カゴから出すと、また春風がピュー。赤い帽子の買い物カゴは飛んでいって、ネズミのお母さんのところへ。ネズミのお母さんは『ゆりかごにするわ』と言って持ち帰り、赤い帽子のゆりかごでネズミの子どもがお昼寝をしました。ネズミの子どもがお昼寝から目覚め、ゆりかごから出たら、また春風がピュー。赤い帽子のゆりかごが飛んでいってしまいました。ネズミのお母さんは追いかけましたが見えなくなってしまい、ネズミのお母さんと子どもはがっかりしました。その赤い帽子のゆりかごは、なんと、帽子が飛んでいってがっかりしていた女の子のところに飛んできたのです。女の子は大喜び。今度は風に飛ばされないようにしっかりかぶってお家に帰りました」

- ・1段目です。アヒルのガーコさんは、赤い帽子を何にしましたか。その絵に○をつけましょう。
- ・2段目です。アヒルの次に出てきた生き物に○をつけましょう。
- ・3段目です。最後に女の子はどんな顔をしていましたか。合う顔に○をつけましょう。

2 話の理解

- ・救急車と消防車とパトカーは、急いでいるときはほかの車を抜いて走ってもよいお約束です。そのほかの車は、ほかの車を抜くことができません。では、上のお手本の乗り物が、右から左へ向かって走っていくとき、このような様子にはならない、と思うものを

下の４つの四角から選んで○をつけましょう。

3 構　成

・左端のマス目の白いところにあてはまる２つの形の組み合わせのうち、正しいものを右から選んで○をつけましょう。

集団テスト

📷 行動観察

各自が机の上から好きなメダルを１つ持ってくる。音楽が鳴ったらケンケン、スキップをし、曲が止まったら自分の名前を言ってお友達とメダルを交換する。交換する相手は誰でもよい。

本 人 面 接
親子別々に誘導され、別室にて同時進行で行われる。子どもは２人ずつ誘導され、同じ教室で背中合わせで、テスターと１対１で個別面接を行う。

本　人

・お名前、誕生日、幼稚園（保育園）の名前、担任の先生の名前を教えてください。
・小学校で一番頑張りたいことについて教えてください。

📷 言語・巧緻性

・「カ」がつくものをできるだけたくさん言いましょう。
・三角をできるだけたくさん鉛筆で紙にかきましょう。
・色のついた砂が同じ量ずつ入っている２つのコップと、何も入っていないコップが１つあります。３つとも同じ量になるようスプーンで砂を移しましょう。
・（立方体と筒状のクッションと、お手本としてクッションで作ったキノコが用意されている）クッションを使って、好きなものを作りましょう。

保護者面接
回答にあたって父母の指定はなく、どちらが答えてもよい。

保護者

・志望動機をお聞かせください。
・お子さんの長所と短所をお話しください。
・親子のコミュニケーションが不足ぎみのとき、何が必要か考えをお聞かせください。

2024
2023
2022
2021
2020
2019
2018
2017
2016
2015

・公共のマナーについてどうお考えですか。

・学校に期待することについてお話しください。

・学校行事に参加できますか。

1

2

3

桐蔭学園小学校
入試シミュレーション

桐蔭学園小学校入試シミュレーション

[1] **構　成**

　・左のお手本のカードを１枚だけ動かして形を作り変えたとき、できないものを右の絵の
　　中から探して○をつけましょう。

[2] **観察力**

　・上のお手本と同じリボンを、下から探して○をつけましょう。

[3] **言語（しりとり）**

　・「ブドウ」から右回りでしりとりをしましょう。印のある場所に何が入ればよいかを考
　　えてください。それぞれの印のところに入れたらよいと思うものを、下の四角の中から
　　選び、同じ印をつけましょう。

[4] **推理・思考（回転図形）**

　・左端の形が回転した絵を、右から探して○をつけましょう。

[5] **推理・思考（四方図）**

　・左端の積み木を上から見ると、それぞれどのように見えますか。合う絵を右から探して
　　○をつけましょう。

[6] **常識（仲間分け）**

　・それぞれの段で仲間ではないものを、１つ選んで○をつけましょう。

[7] **推理・思考（四方図）**

　・上のお手本の積み木をそれぞれの印の方向から見ると、どのように見えますか。下から
　　選んで、それぞれの印をつけましょう。

[8] **推理・思考（四方図）**

　・ウサギ、クマ、ネズミ、ゾウが丸のかかれている机を見ています。それぞれの動物から
　　見ると、丸はどこにありますか。下の四角の中に○をかきましょう。

[9] **推理・思考（四方図）**

　・ウサギ、クマ、ネズミ、ゾウがそれぞれの向きから机を見ると、どのように見えますか。
　　正しいものを選んで○をつけましょう。

10 推理・思考（四方図）

・ウサギ、クマ、ネズミ、ゾウがそれぞれの向きから机を見ると、どのように見えますか。
動物と絵の組み合わせが間違っているものに○をつけましょう。正しいものには何もつ
けません。

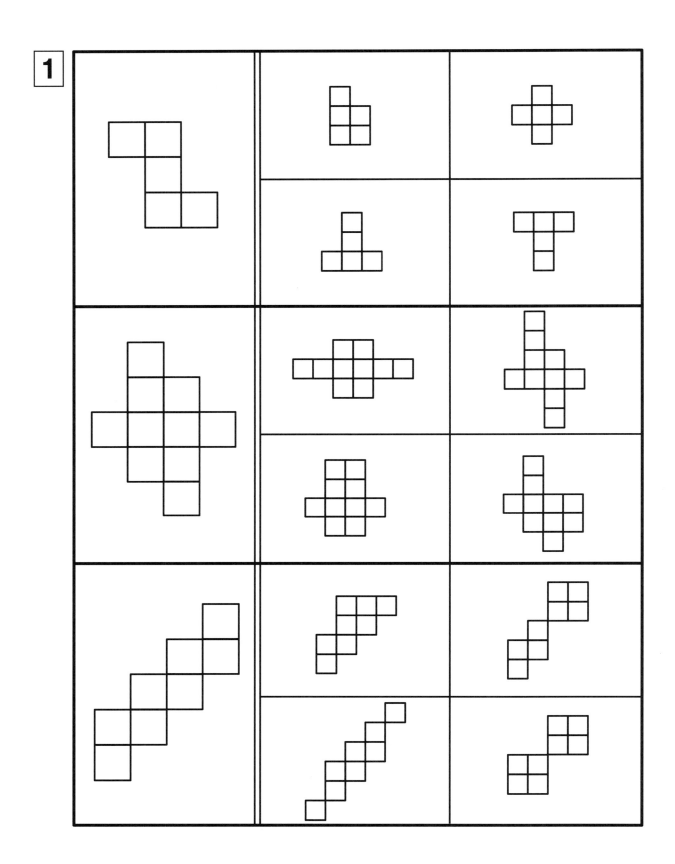

1

2

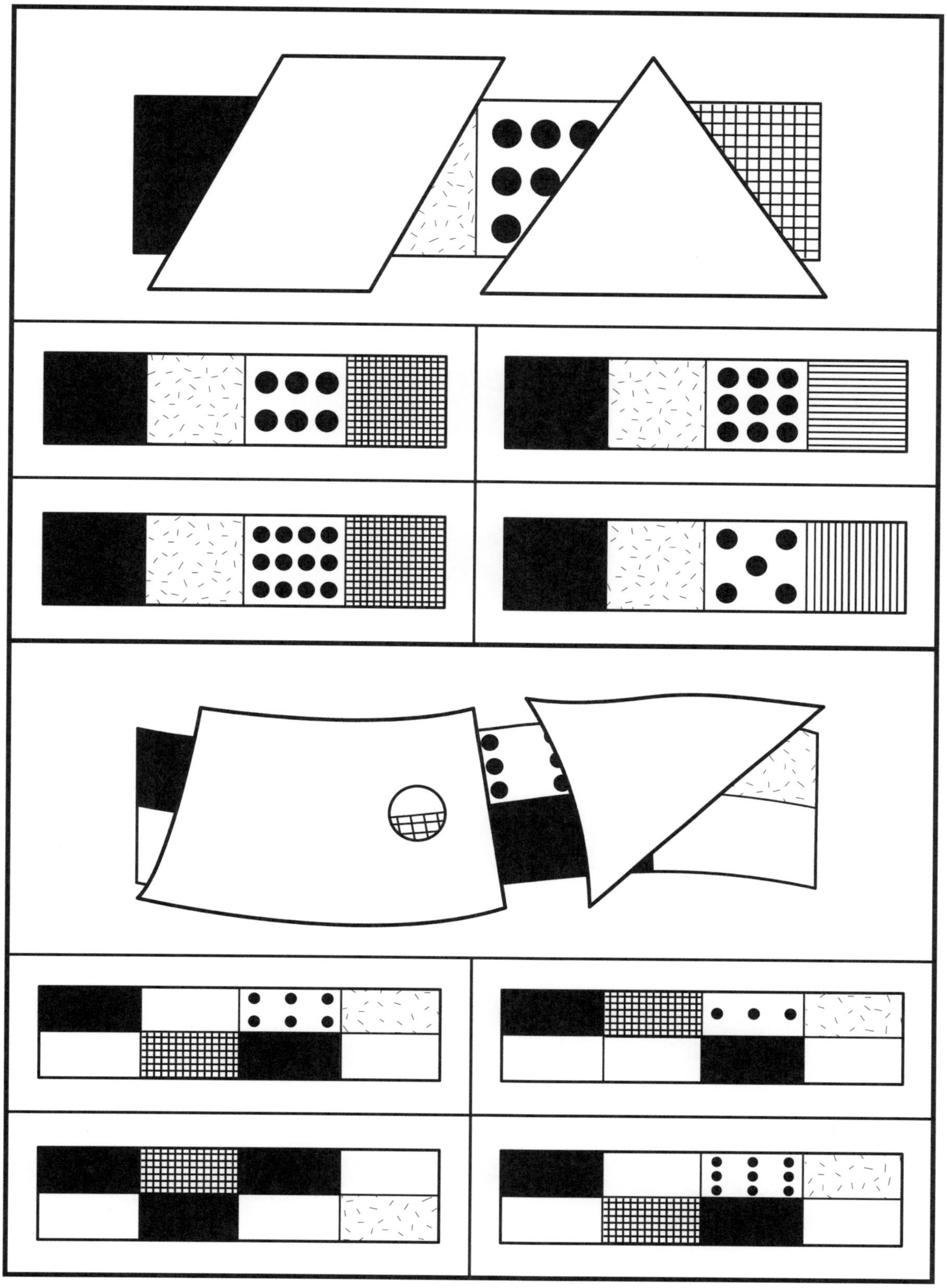

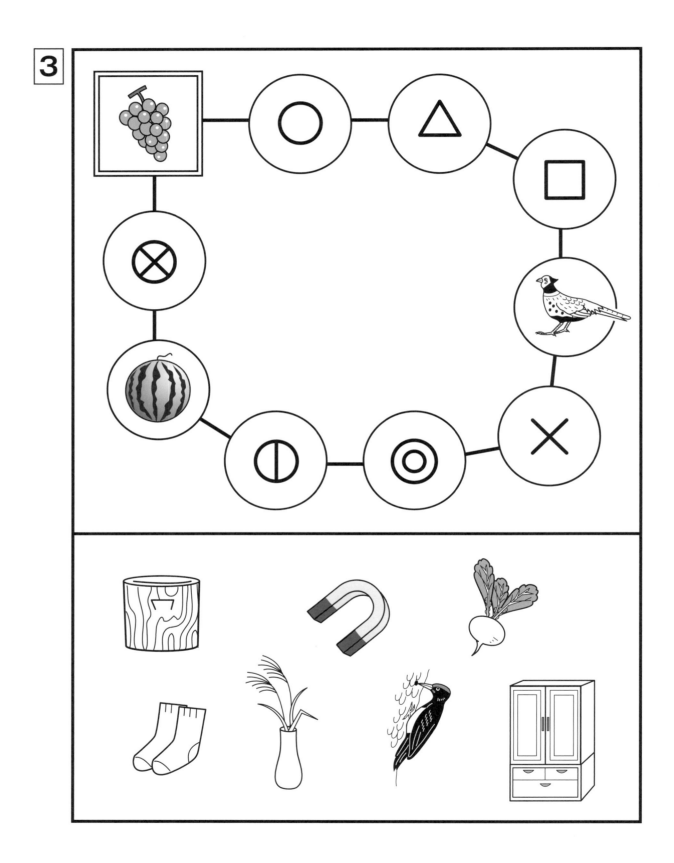

4

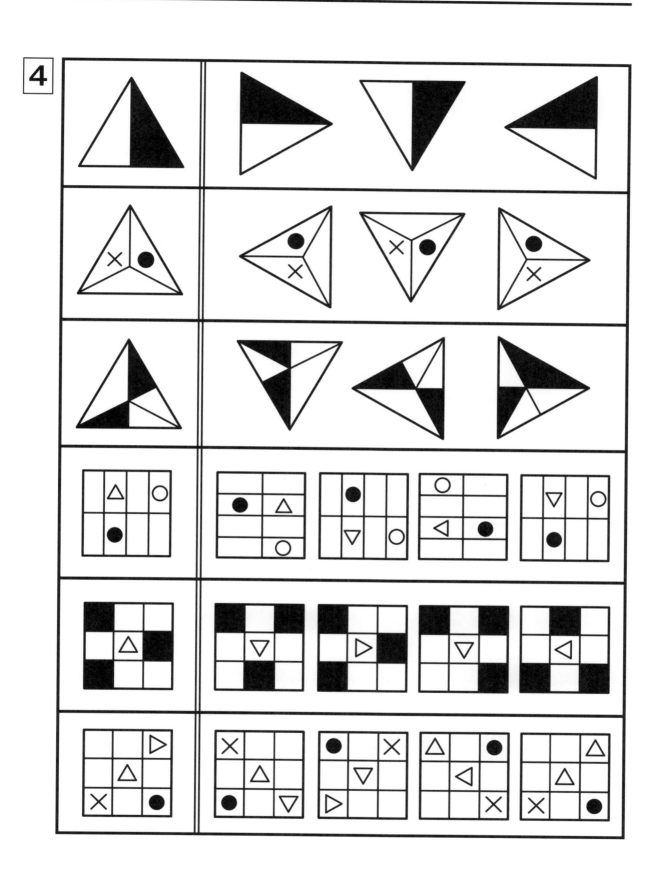

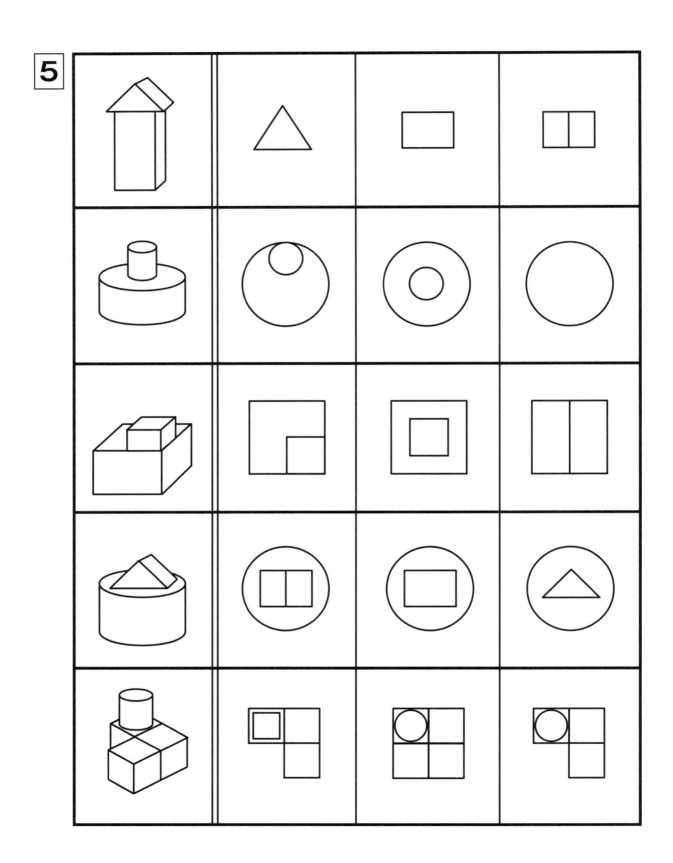

6

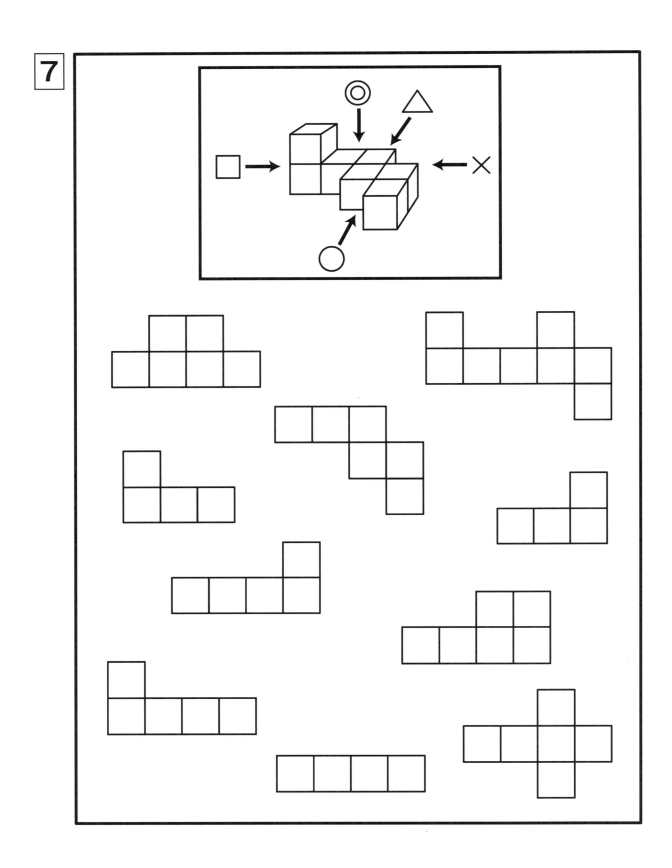

8

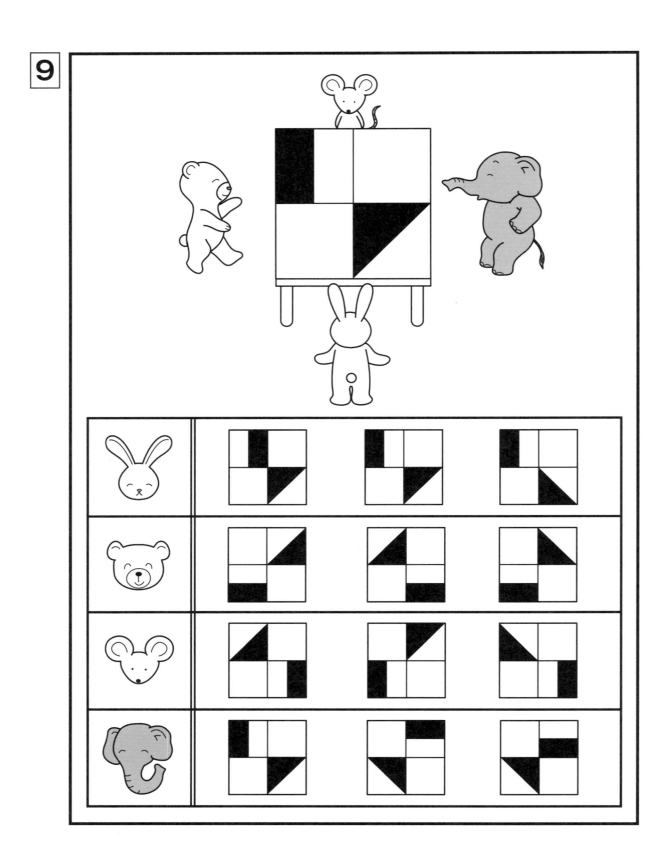

2025 学校別過去入試問題集

✏ 年度別入試問題分析【傾向と対策】　✏ 学校別入試シミュレーション問題　✏ 解答例集付き

 [過去問]2025 青山学院初等部 入試問題集 カラーあり
 [過去問]2025 お茶の水女子大学附属 竹早小学校 入試問題集
 [過去問]2025 学習院初等科 入試問題集
 [過去問]2025 暁星小学校 入試問題集
 [過去問]2025 国立学園小学校 入試問題集 カラーあり
 [過去問]2025 慶應義塾幼稚舎 入試問題集 カラーあり
 [過去問]2025 光塩女子学院初等科 入試問題集

 [過去問]2025 淑徳小学校 宝仙学園小学校 入試問題集 カラーあり
 [過去問]2025 昭和女子大学附属 昭和小学校 目黒星美学園小学校 入試問題集
 [過去問]2025 白百合学園小学校 入試問題集 カラーあり
 [過去問]2025 成蹊小学校 入試問題集
 [過去問]2025 成城学園初等学校 玉川学園小学部 入試問題集 カラーあり
 [過去問]2025 聖心女子学院初等科 入試問題集
 [過去問]2025 筑波大学附属小学校-I 入試問題集-I

 [過去問]2025 筑波大学附属小学校-II 入試問題集-II
 [過去問]2025 田園調布雙葉小学校 入試問題集 カラーあり

 伸芽会の有名小学校合格シリーズ Shinga-kai

 [過去問]2025 東京学芸大学附属 大泉小学校 入試問題集
 [過去問]2025 東京学芸大学附属 小金井小学校 入試問題集

 [過去問]2025 東京学芸大学附属 世田谷小学校 入試問題集
 [過去問]2025 東京女学館小学校 入試問題集 カラーあり

 カラーページ増殖中！
※2023年秋実施の入試問題を含む
ミシン線入り 過去1〜15年間分 全44冊53校掲載
解答例集付き 定価3410円〜3520円（本体3100円〜3200円＋税10%）

 [過去問]2025 東京都市大学付属小学校 入試問題集
 [過去問]2025 桐朋小学校 入試問題集
 [過去問]2025 桐朋学園小学校 入試問題集 カラーあり

 [過去問]2025 東洋英和女学院小学部 入試問題集
 [過去問]2025 日本女子大学附属豊明小学校 入試問題集
 [過去問]2025 雙葉小学校 入試問題集
 [過去問]2025 立教小学校 入試問題集 カラーあり
 [過去問]2025 立教女学院小学校 入試問題集
 [過去問]2025 早稲田実業学校初等部 入試問題集 カラーあり
 [過去問]2025 東京農業大学稲花小学校 桐光学園小学校 入試問題集 カラーあり

 [過去問]2025 慶應義塾横浜初等部 入試問題集
 [過去問]2025 湘南白百合学園小学校 入試問題集 カラーあり
 [過去問]2025 精華小学校 入試問題集 カラーあり
 [過去問]2025 洗足学園小学校 入試問題集
 [過去問]2025 桐蔭学園小学校 入試問題集 カラーあり
 [過去問]2025 森村学園初等部 カリタス小学校 入試問題集
 [過去問]2025 横浜国立大学教育学部附属 横浜小学校・鎌倉小学校 入試問題集

 [過去問]2025 横浜雙葉小学校 入試問題集 カラーあり
 [過去問]2025 開智小学校 開智所沢小学校 開智望小学校 入試問題集 カラーあり
 [過去問]2025 埼玉大学教育学部附属小学校 入試問題集
 [過去問]2025 さとえ学園小学校 入試問題集 カラーあり
 [過去問]2025 西武学園文理小学校 入試問題集 カラーあり
 [過去問]2025 国府台女子学院小学部 昭和学院小学校 入試問題集 カラーあり
 [過去問]2025 千葉大学教育学部附属小学校 入試問題集 カラーあり

全国の書店・伸芽会出版販売部にお問い合わせください。

 伸芽会　 出版販売部 **03-6908-0959**（10:00〜18:00 月〜金）

〒171-0031 東京都豊島区目白 3-4-11-4F　https://www.shingakai.co.jp

 2024年1月より順次発売中！

© '06 studio*zucca

［過去問］ 2025

桐蔭学園小学校 入試問題集

解答例

＊ 解答例の注意

この解答例集では、ペーパーテスト、個別テスト、集団テストの中にある□数字がついた問題、入試シミュレーションの解答例を掲載しています。それ以外の問題の解答はすべて省略していますので、それぞれのご家庭でお考えください。（一部□数字がついた問題の解答例の省略もあります）

入試シミュレーションの
解答例もあります！

© 2006 studio*zucca

1 ♠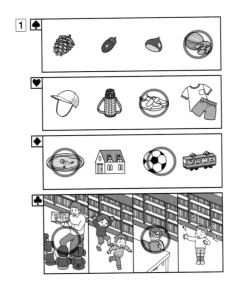

2 ♠

3

4

5
A

5
B

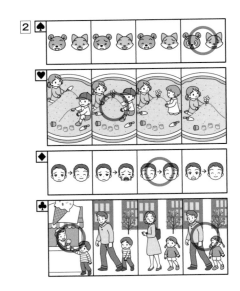

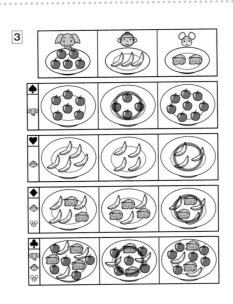

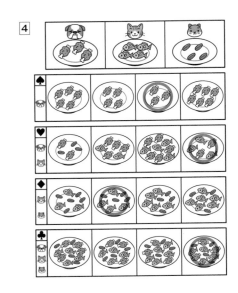

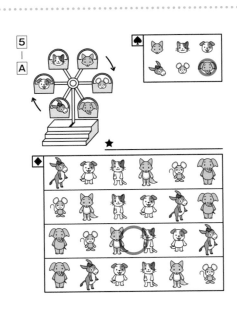

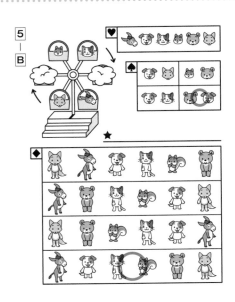

1

2

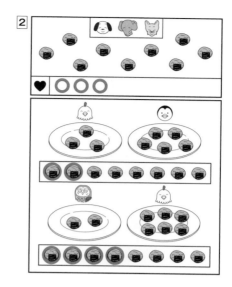

3

4
5

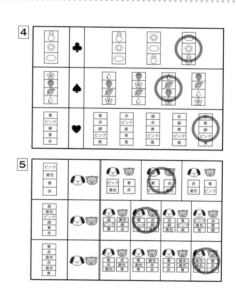

6

※ 6 は解答省略

1
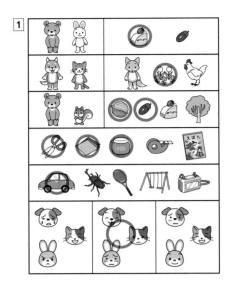

2
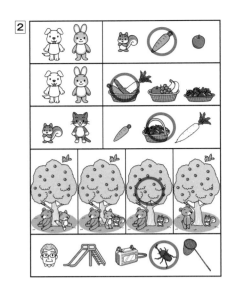

3
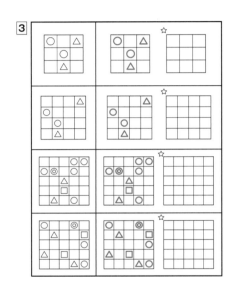

4
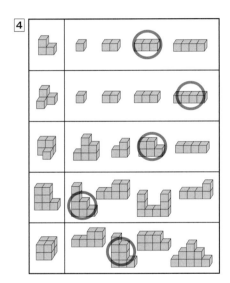

5

※5は解答省略

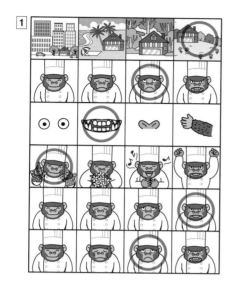

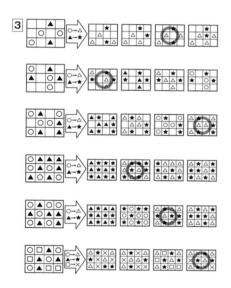

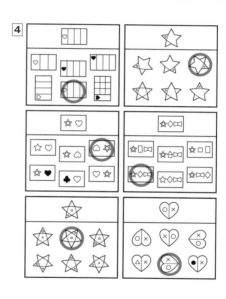

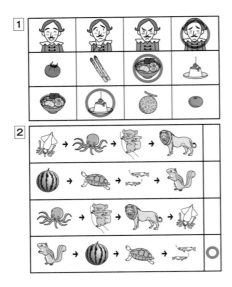

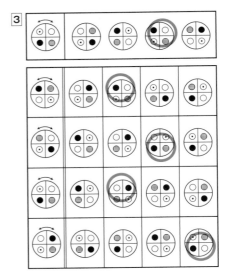

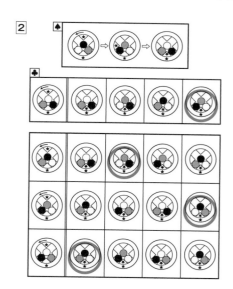

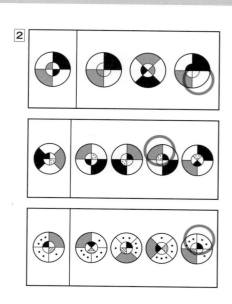

③

①
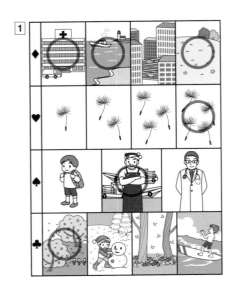

②
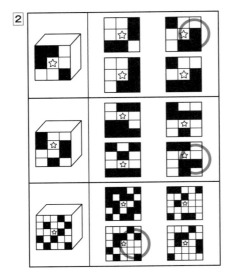

③

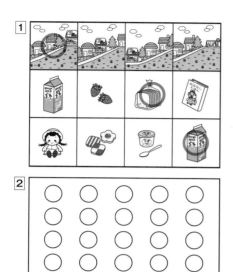

※②は解答省略

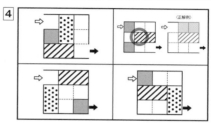

※④は複数解答あり

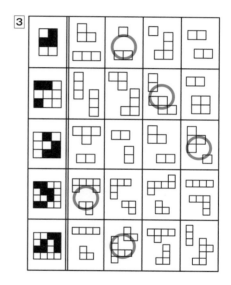

1

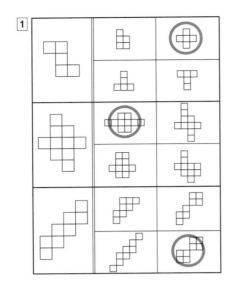

2

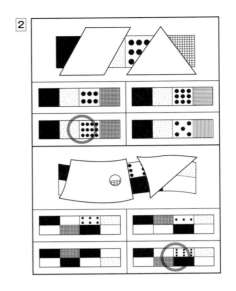

3

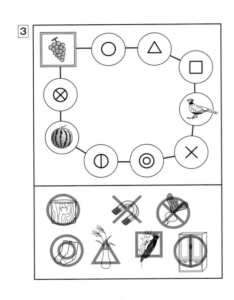

4

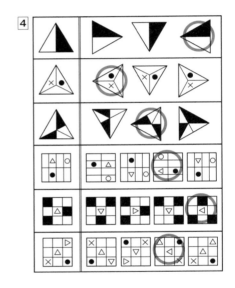

5

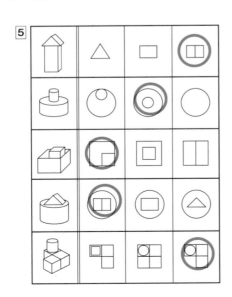

6

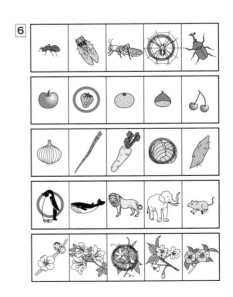

7

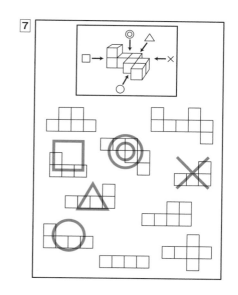

8

9

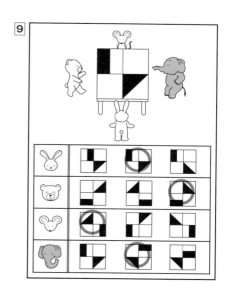

10

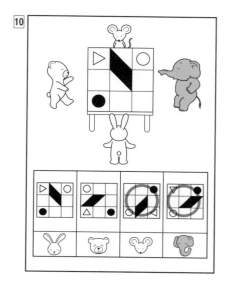

Shinga-kai